LETTER AND NUMBER
TRACING BOOK FOR KIDS

This book

belongs to:

. . . .

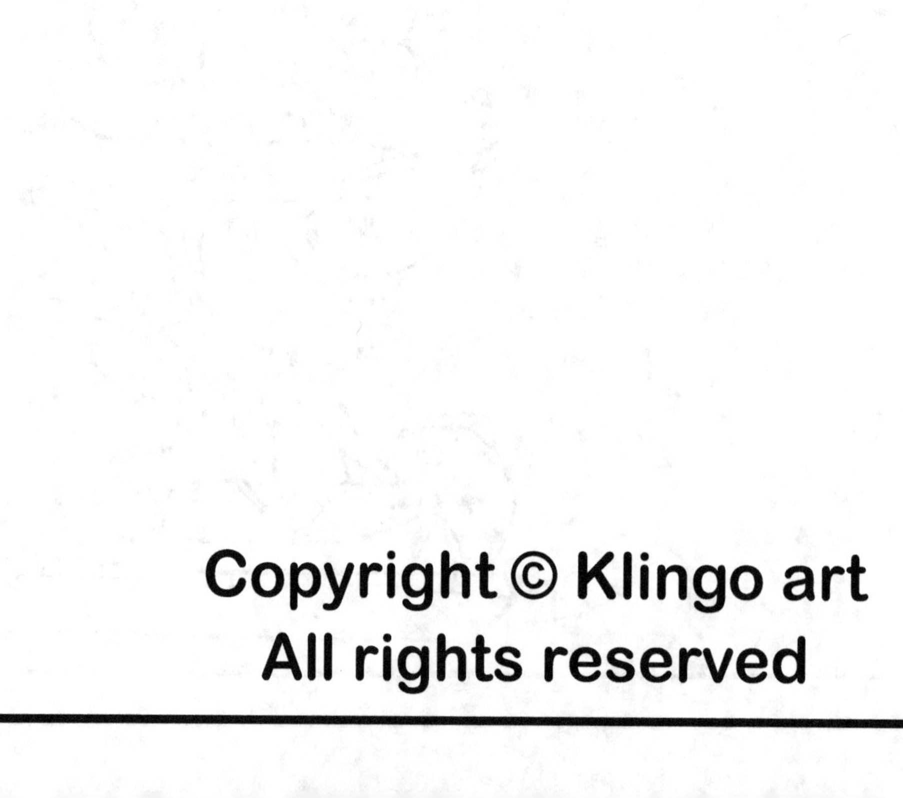

A A A A A A A A

A A A A

APPLE APPLE

A A A A A A A A

A A A A A A

APPLE APPLE APPLE

A A A A A A A

A A A A

APPLE APPLE

A A A A A A A A

A A A A A A

APPLE APPLE APPLE

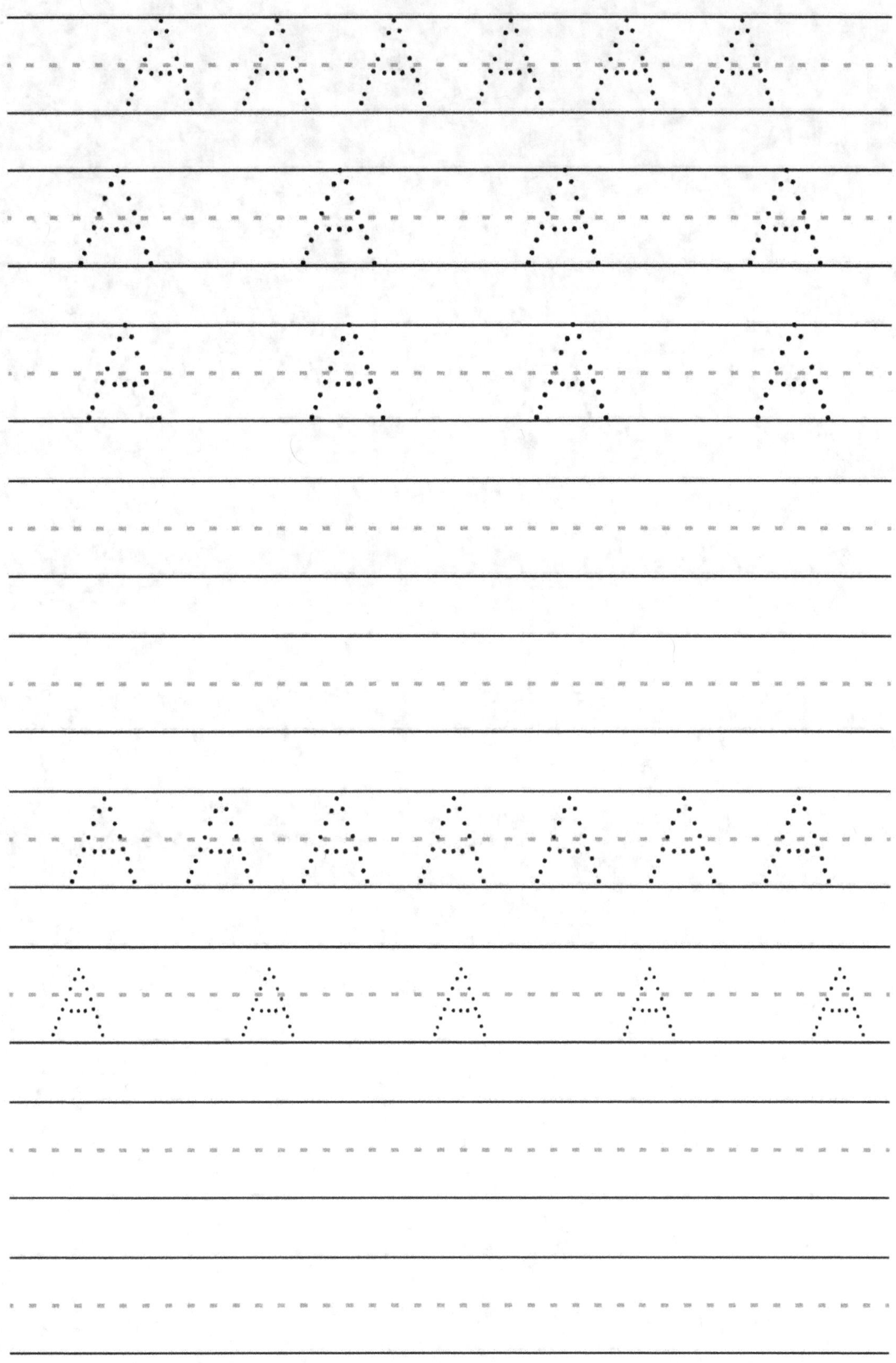

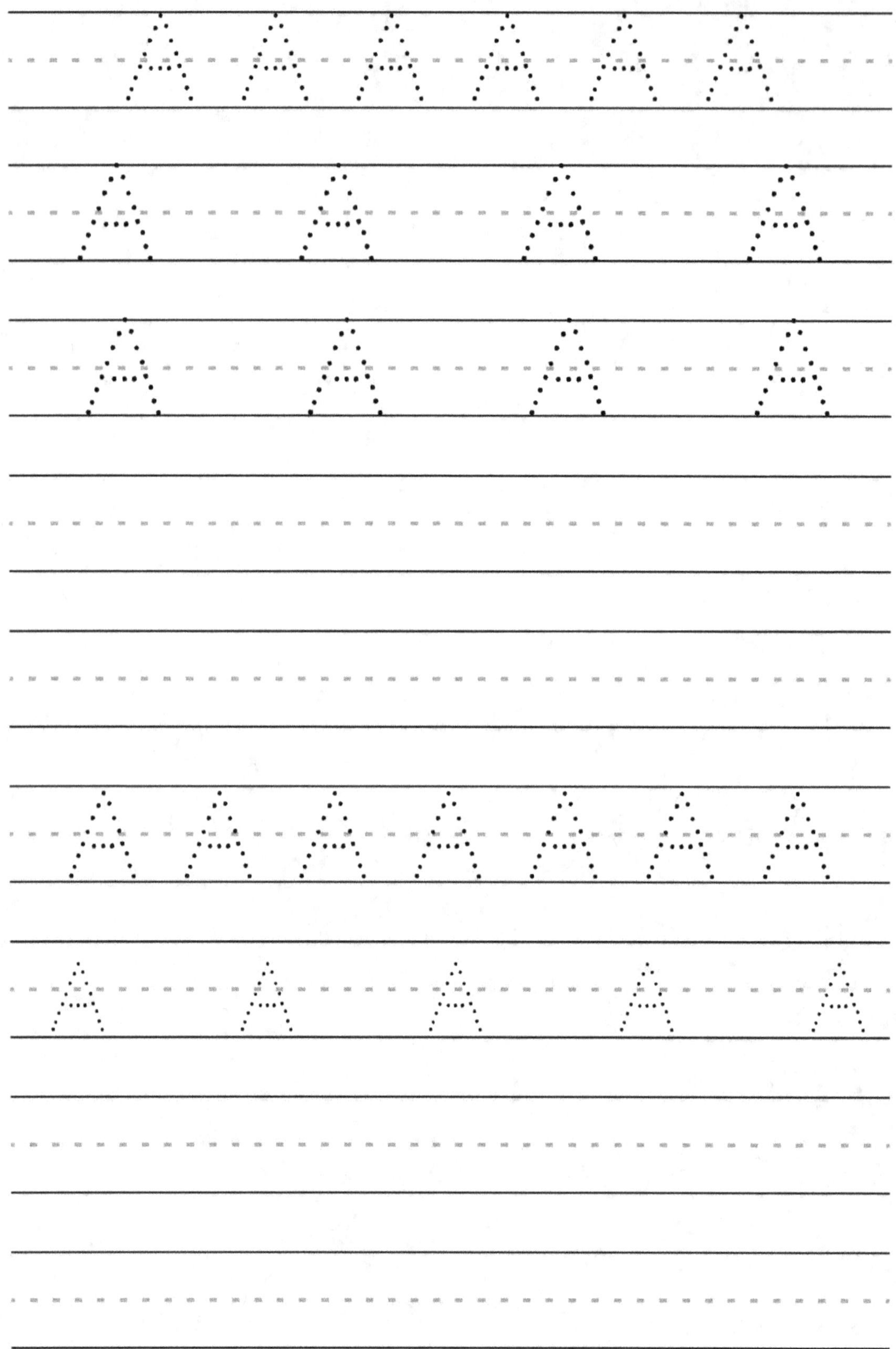

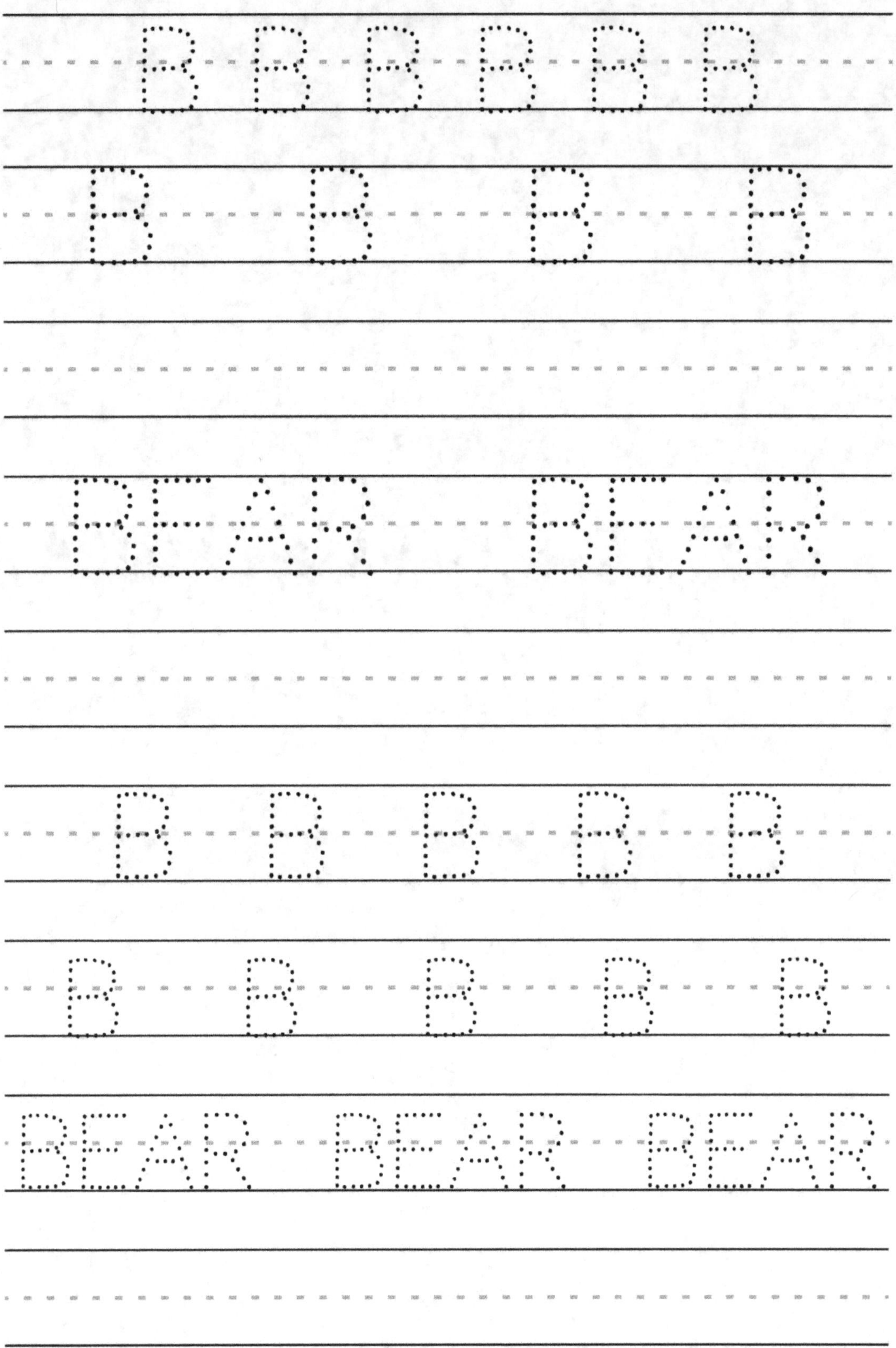

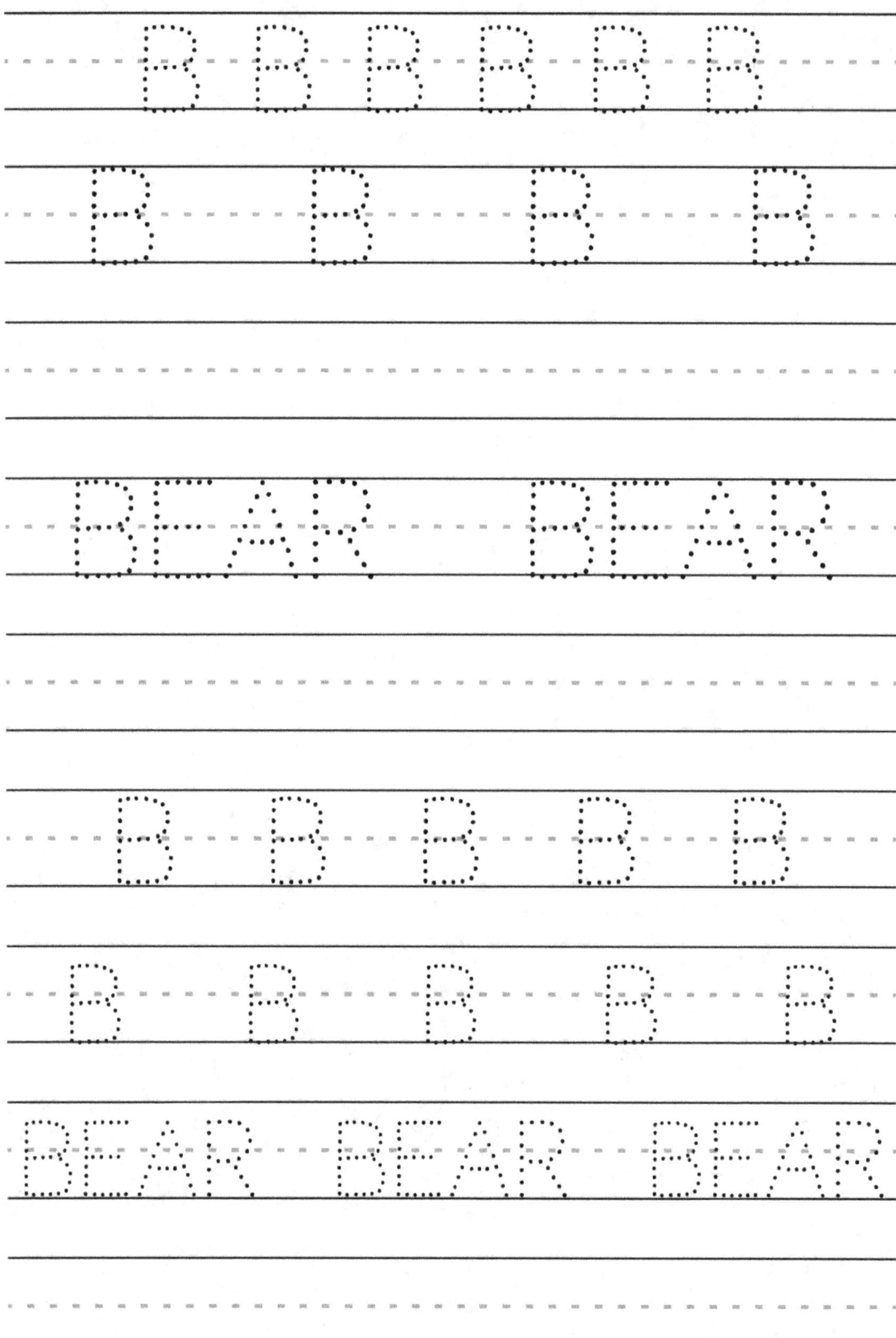

B B B B B B
B B B B
BEAR   BEAR
B B B B B
B B B B B
BEAR BEAR BEAR

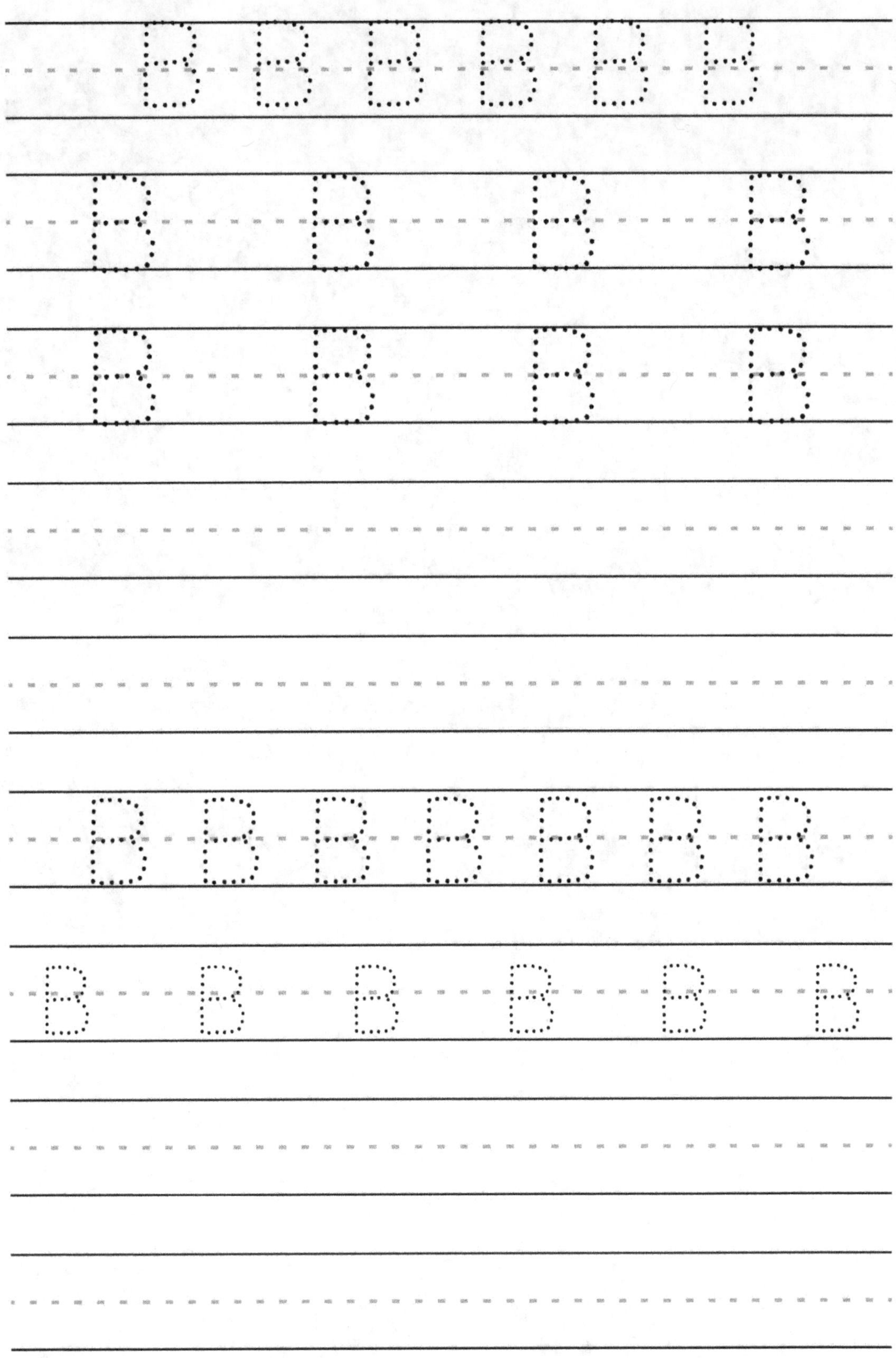

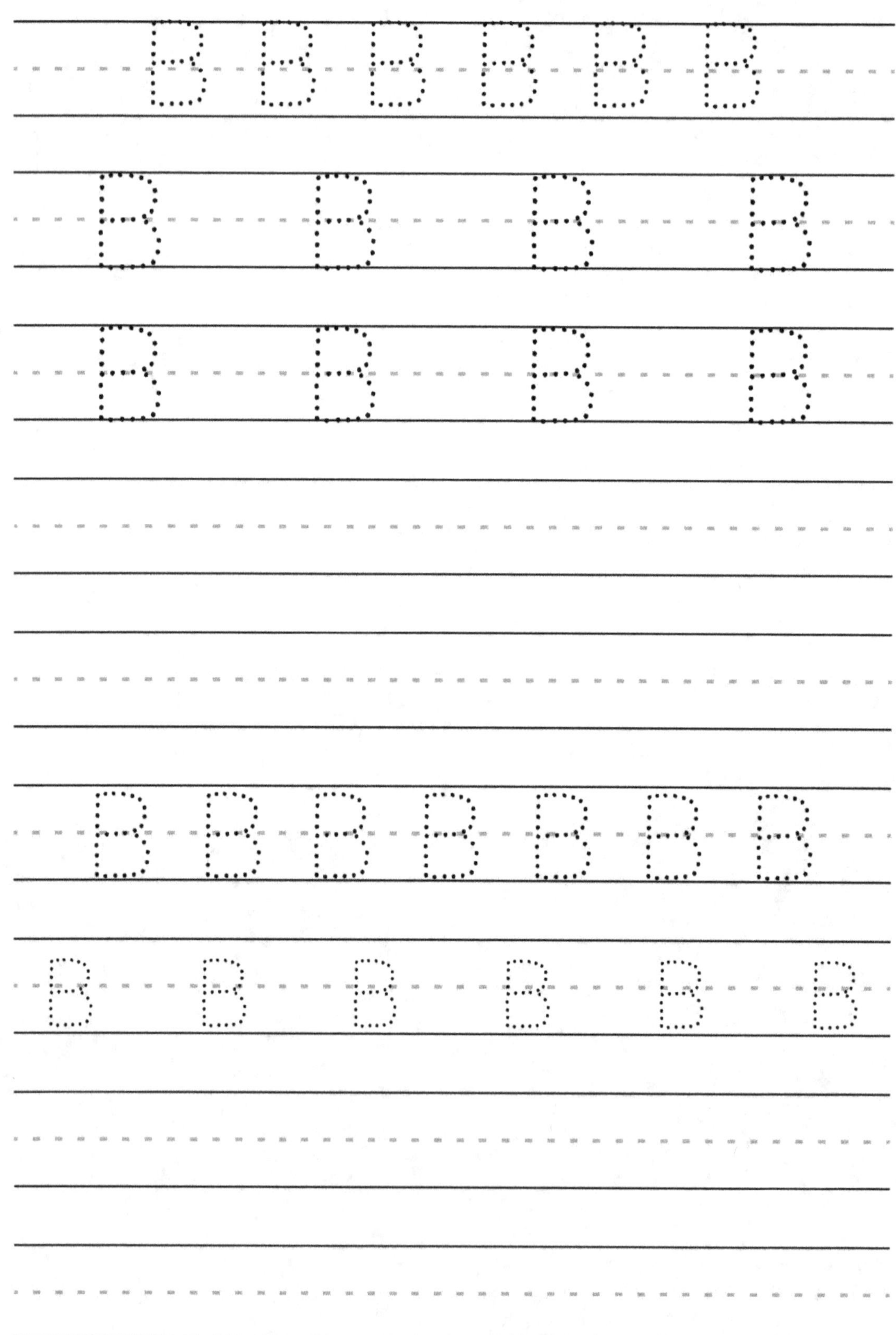

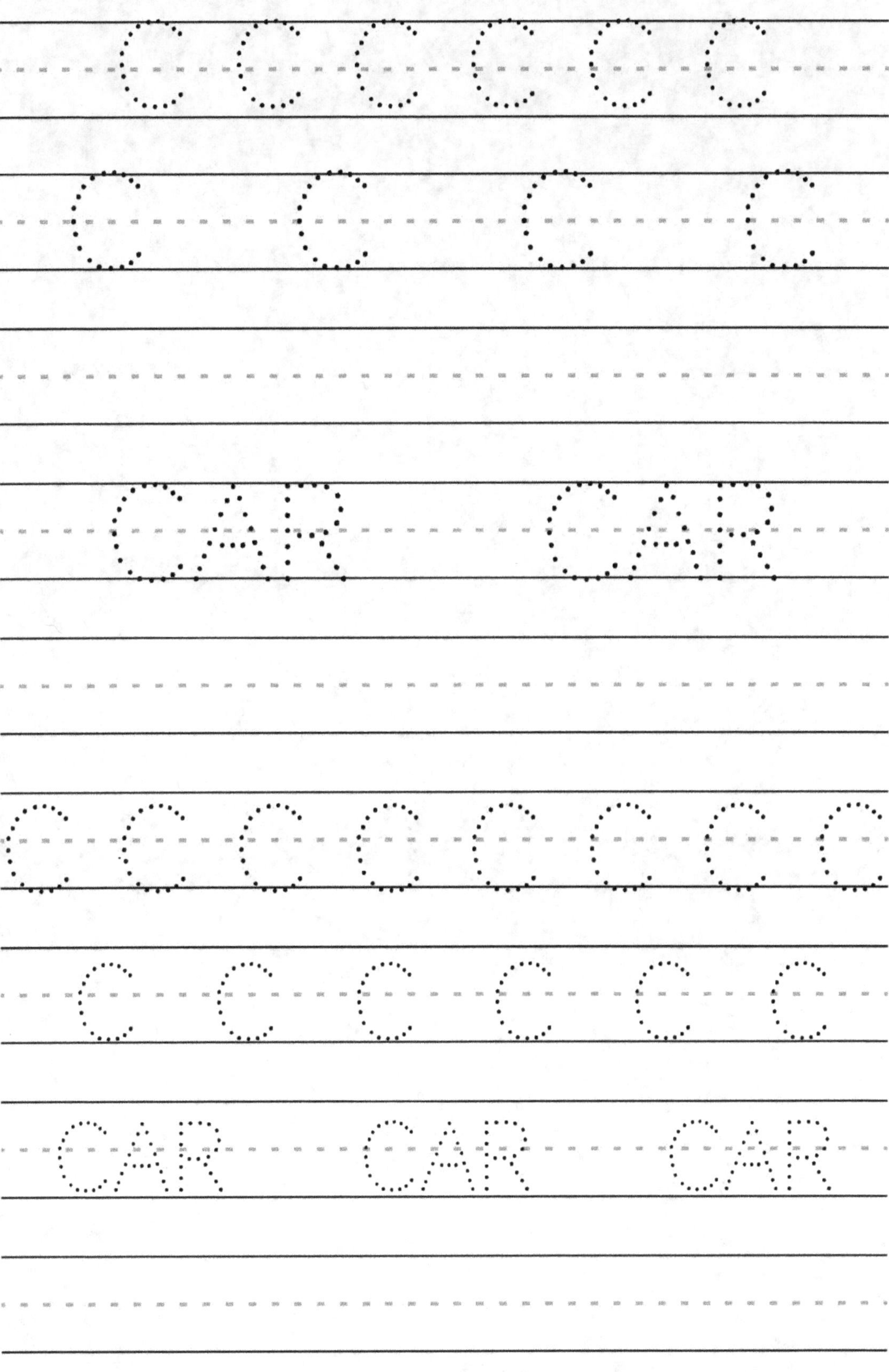

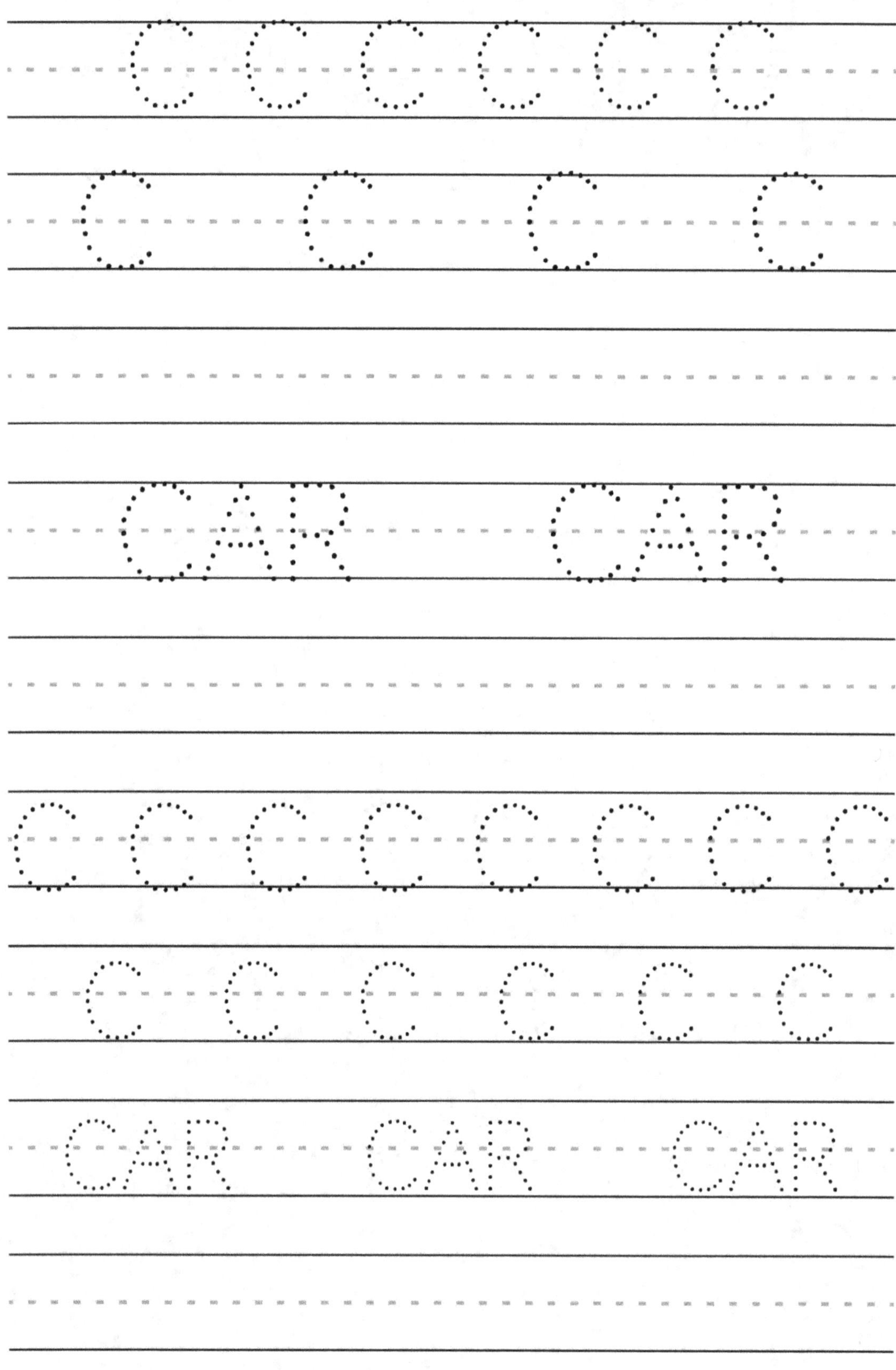

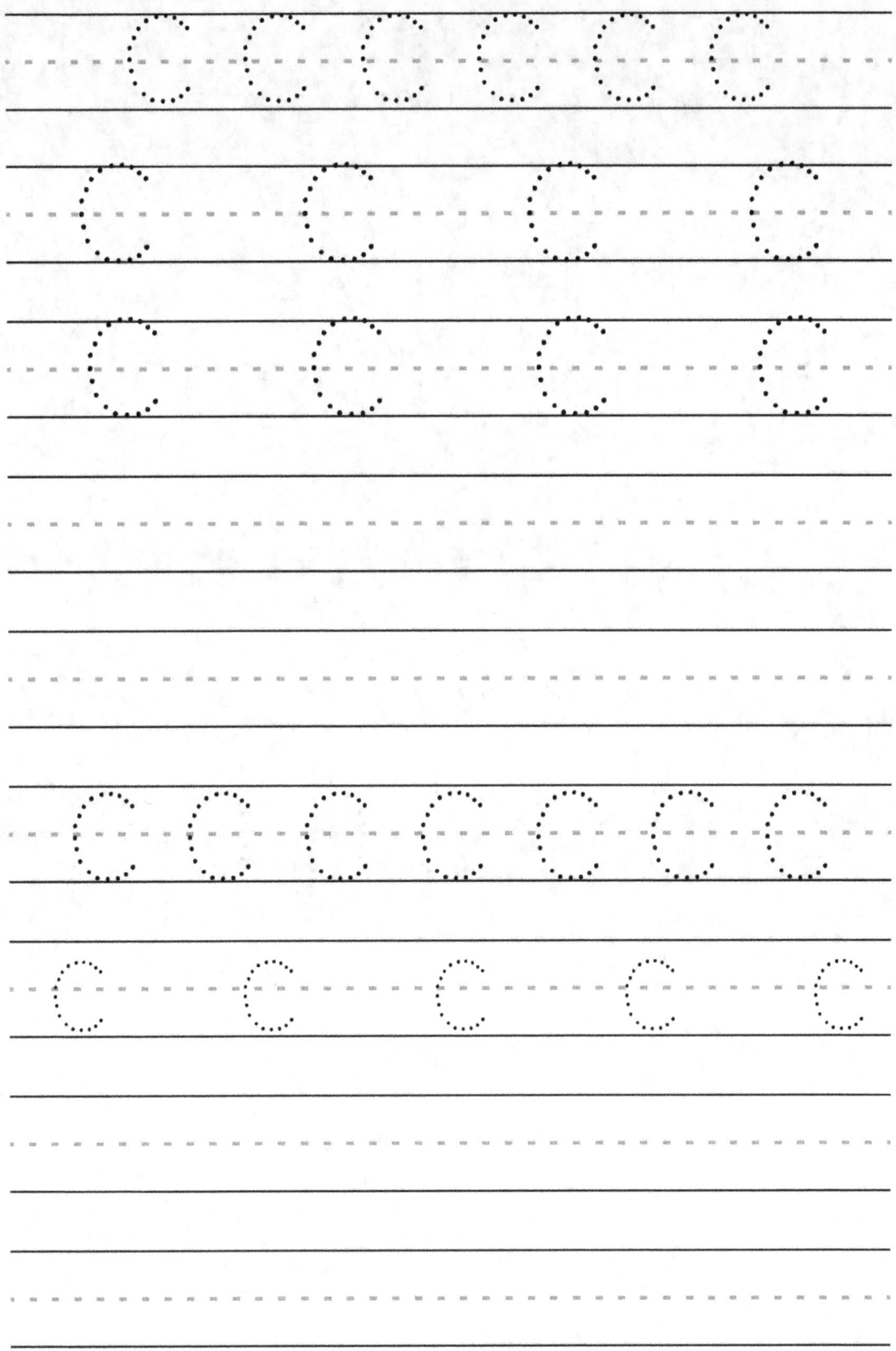

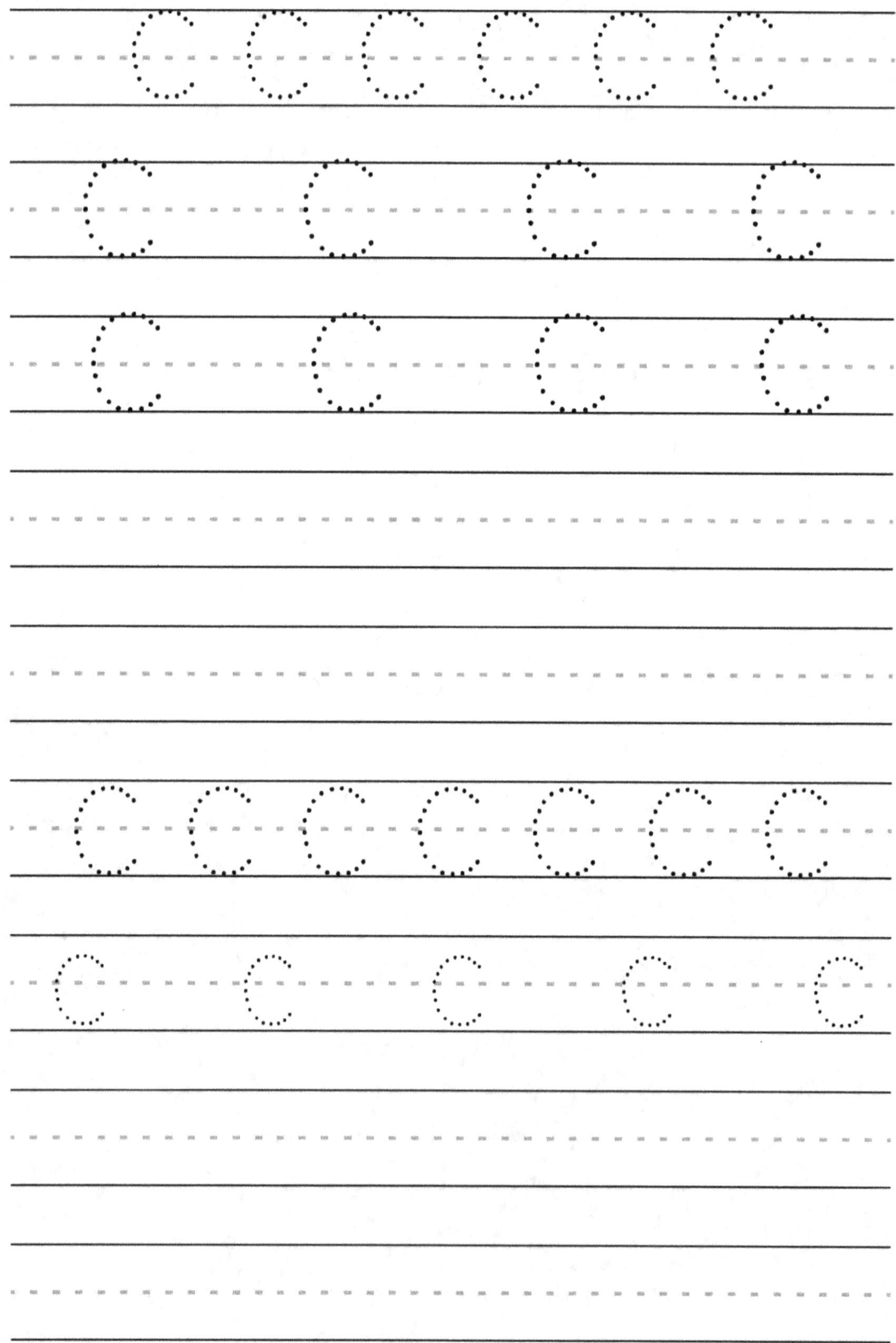

D D D D D

D D D D

DOG   DOG

D D D D D D D

D D D D D

DOG DOG DOG

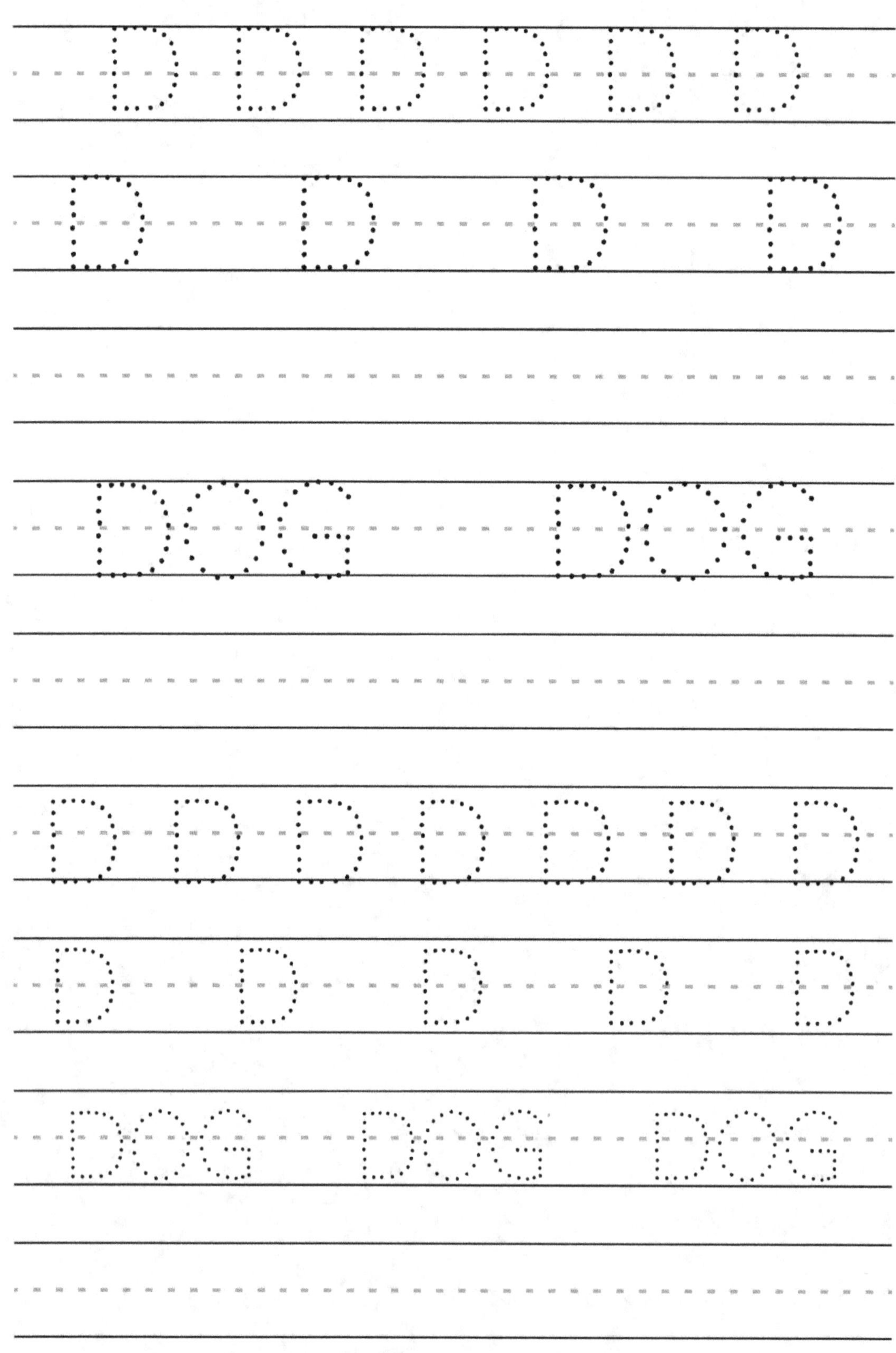

D D D D D D D

D D D D

D D D D

D D D D D D D

D D D D D

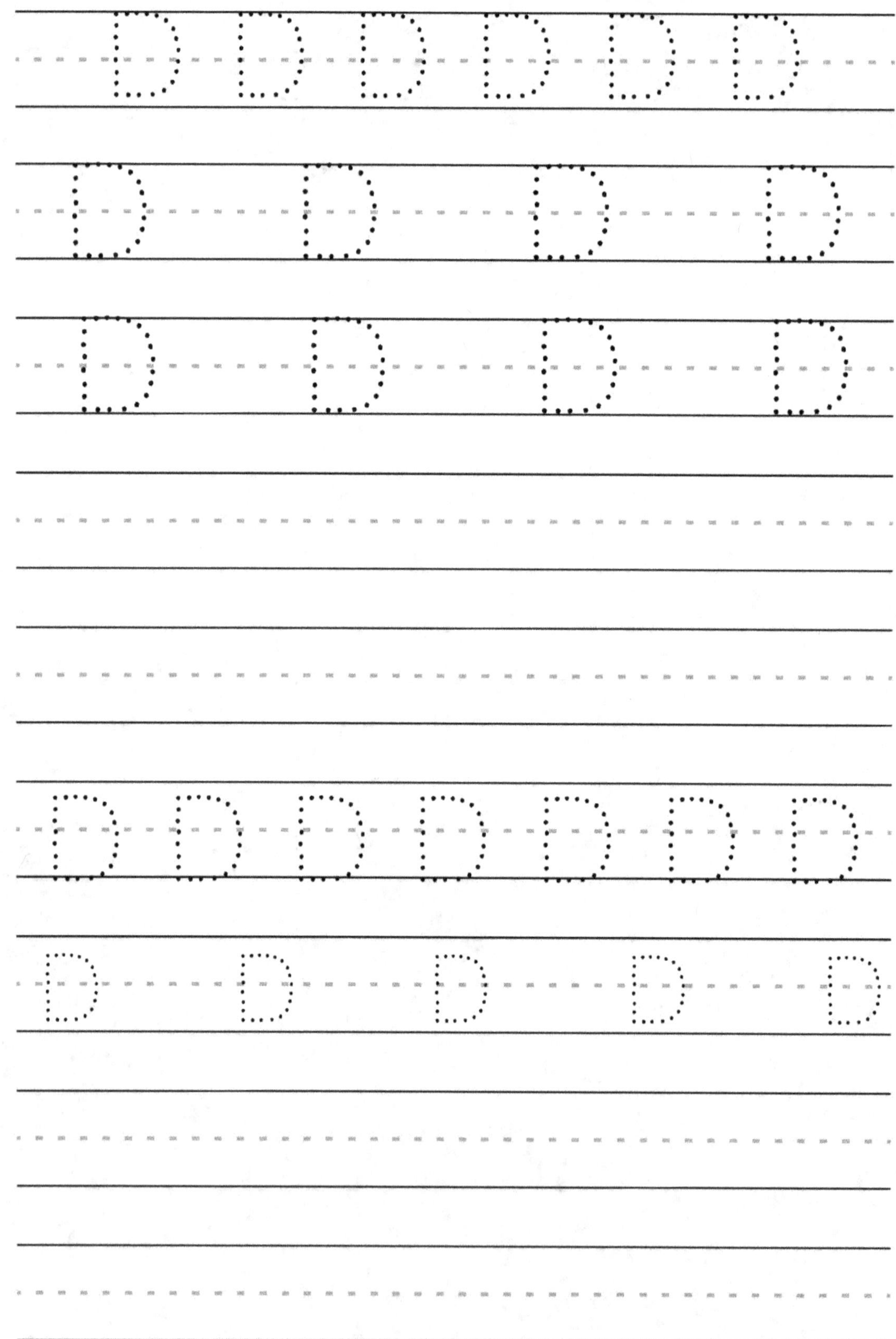

E E E E E E

F F F F F

ELEPHANT

E E E E E E E

E E E E E

ELEPHANT

E E E E E E

E E E E

ELEPHANT

E E E E E E E

E E E E E E

ELEPHANT

E E E E E E

E E E E

E E E E

E E E E E E

E E E E E

E E E E E E

E E E E

E E E E

E E E E E E

E E E E E

F F F F F F

F F F F

FROG FROG FROG

F F F F F F

F F F F F

FROG FROG FROG

F F F F F F

F F F F

FROG FROG FROG

F F F F F F F

F F F F F

FROG FROG FROG

F F F F F F

F F F F

F F F F

F F F F F F F

F F F F F

F F F F F F

F F F F

F F F F

F F F F F F F

F F F F F

G G G G G G

G G G G

GOAT GOAT

G G G G G G G

G G G G G G

GOAT GOAT GOAT

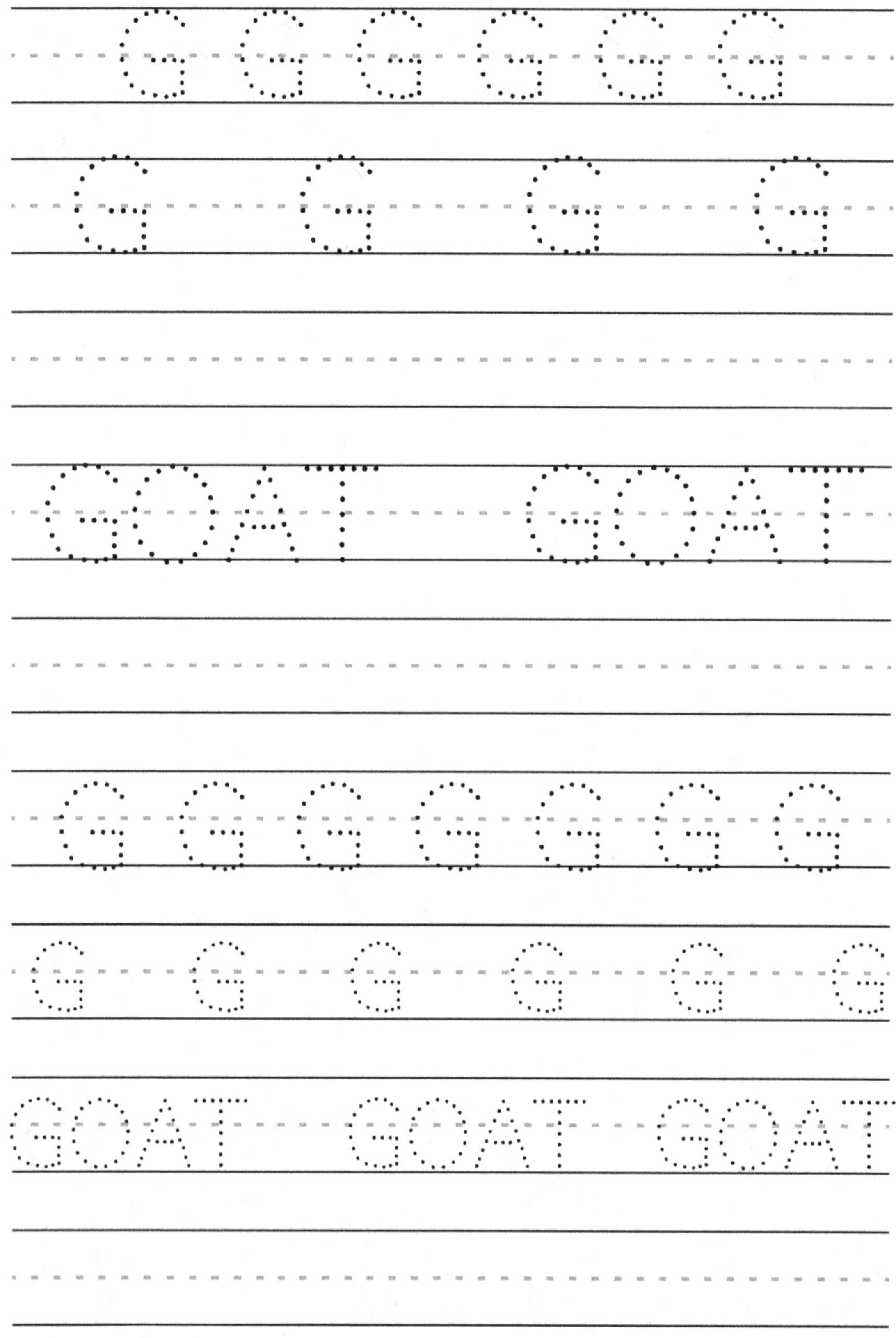

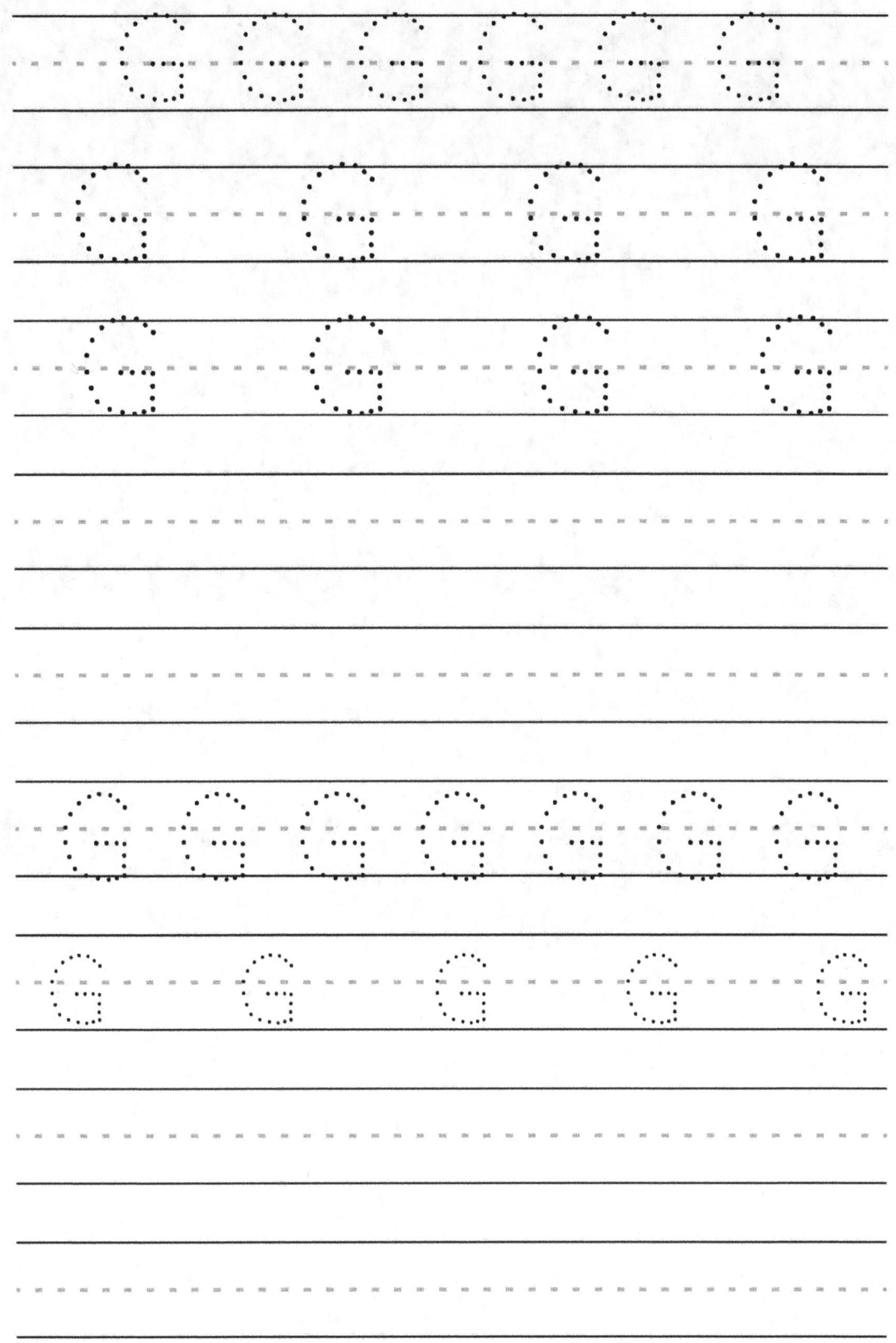

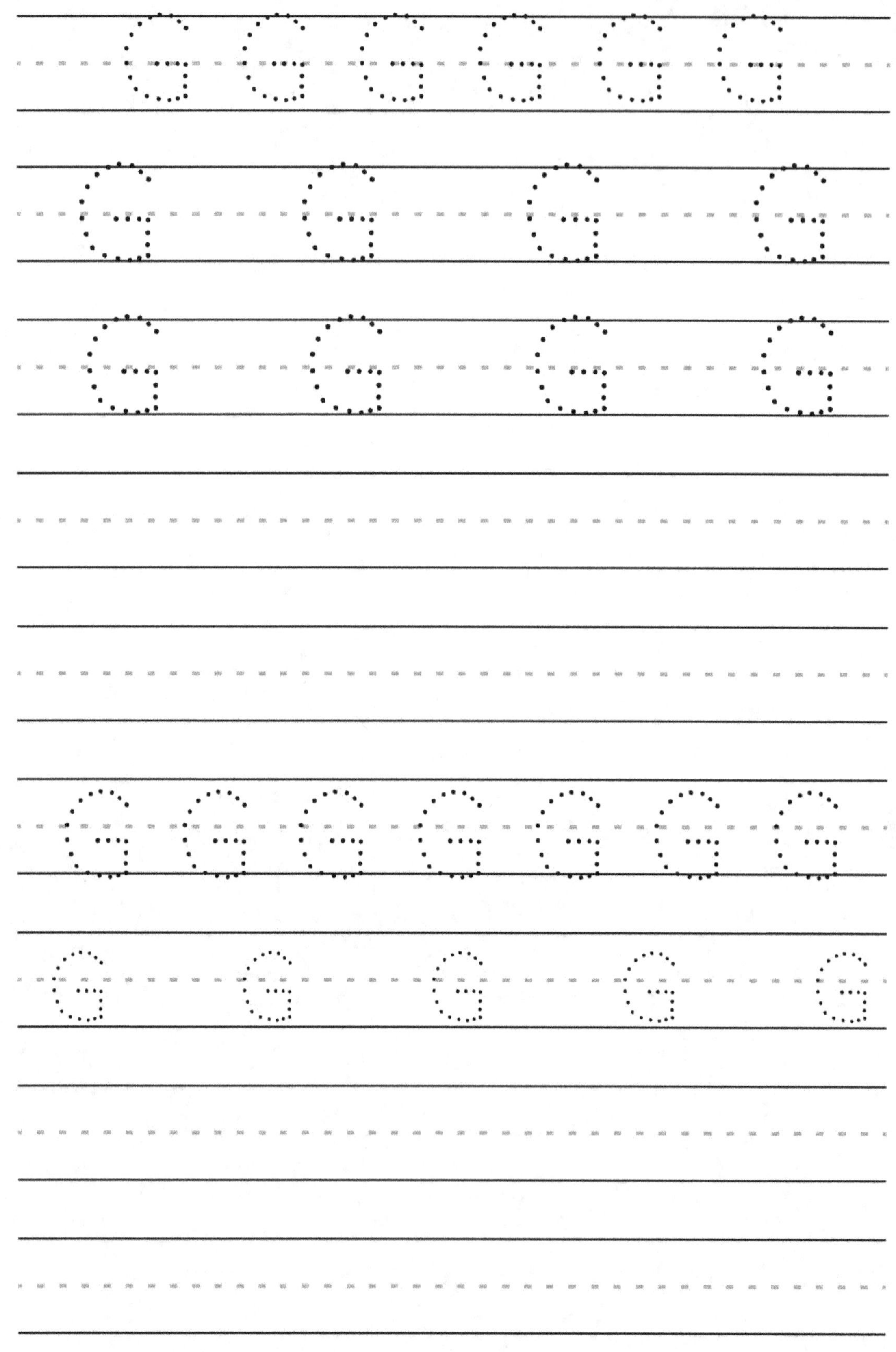

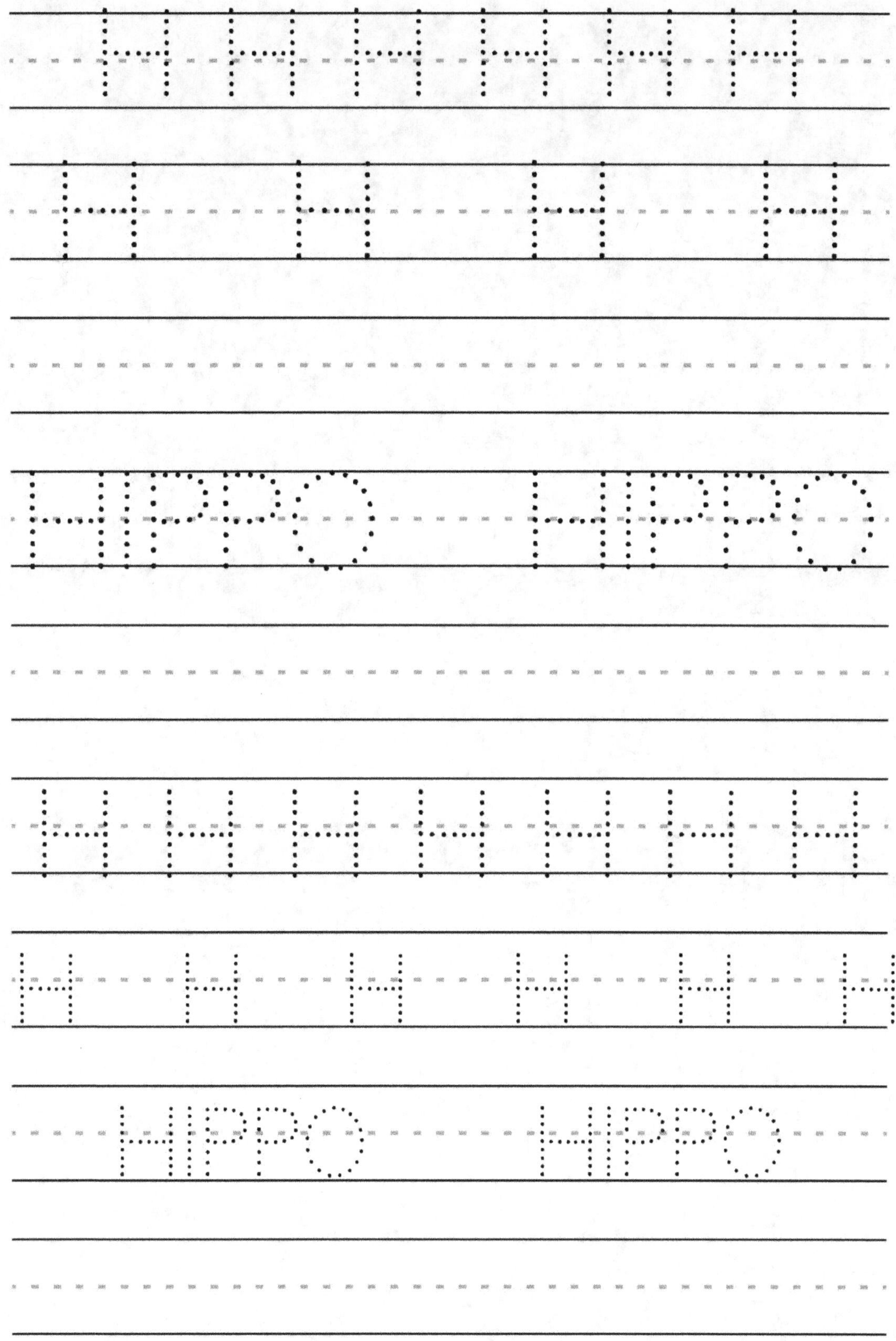

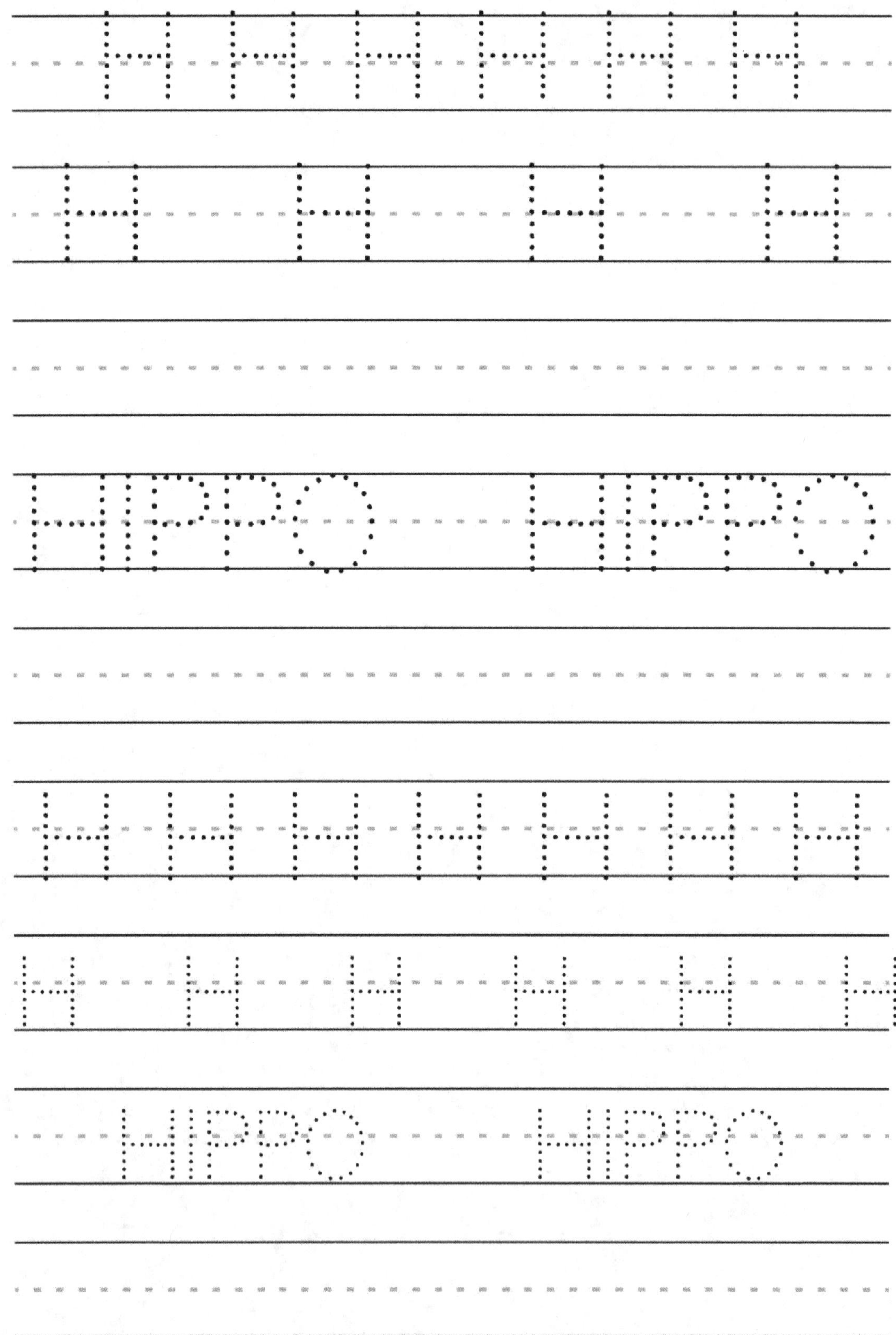

H H H H H H H

H H H H

H H H H

H H H H H H H

H H H H H

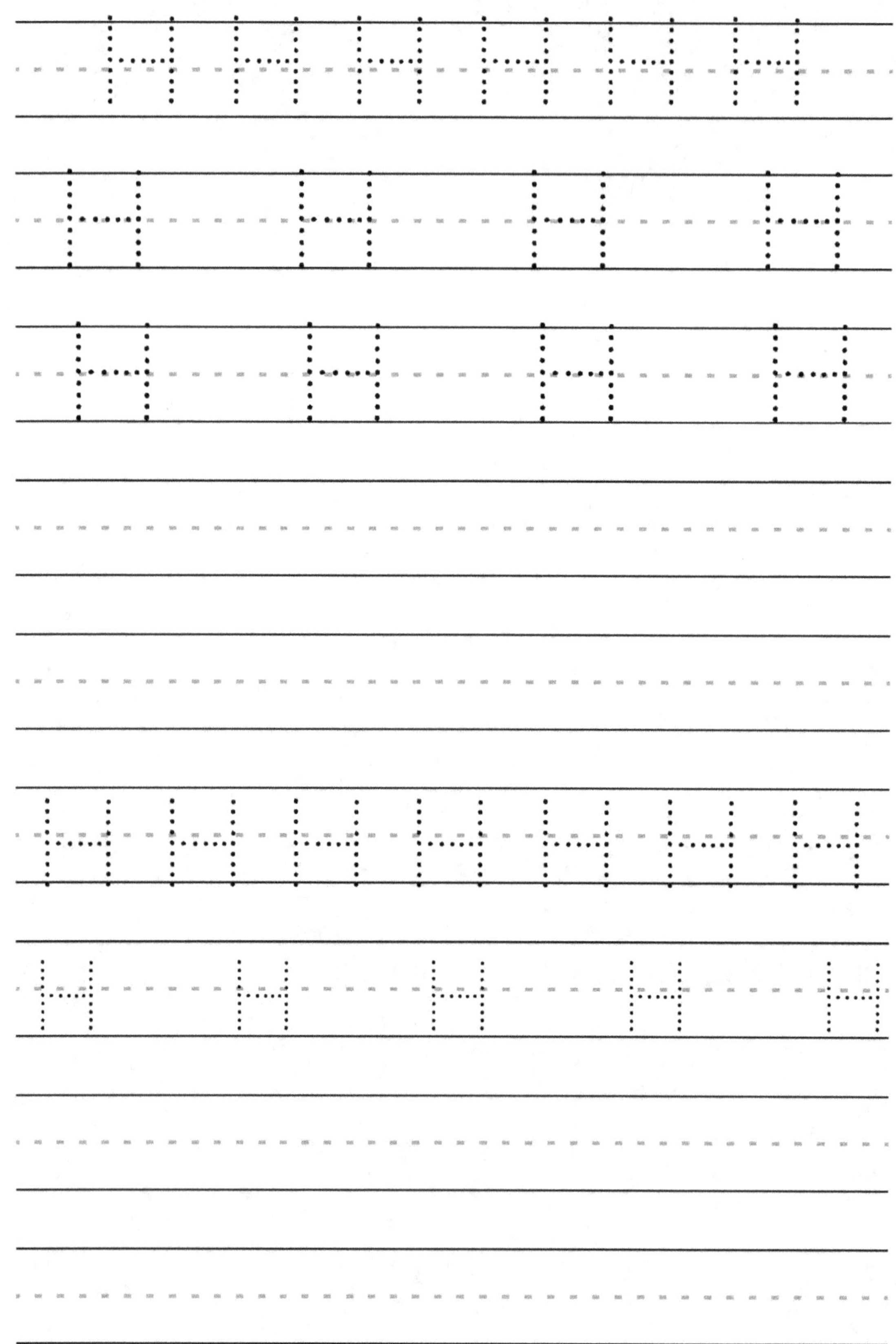

I I I I I

I I I I I

IGLOO

I I I I

I I I I I I

IGLOO IGLOO

I I I I I

I I I I I

IGLOO

I I I I

I I I I I

IGLOO   IGLOO

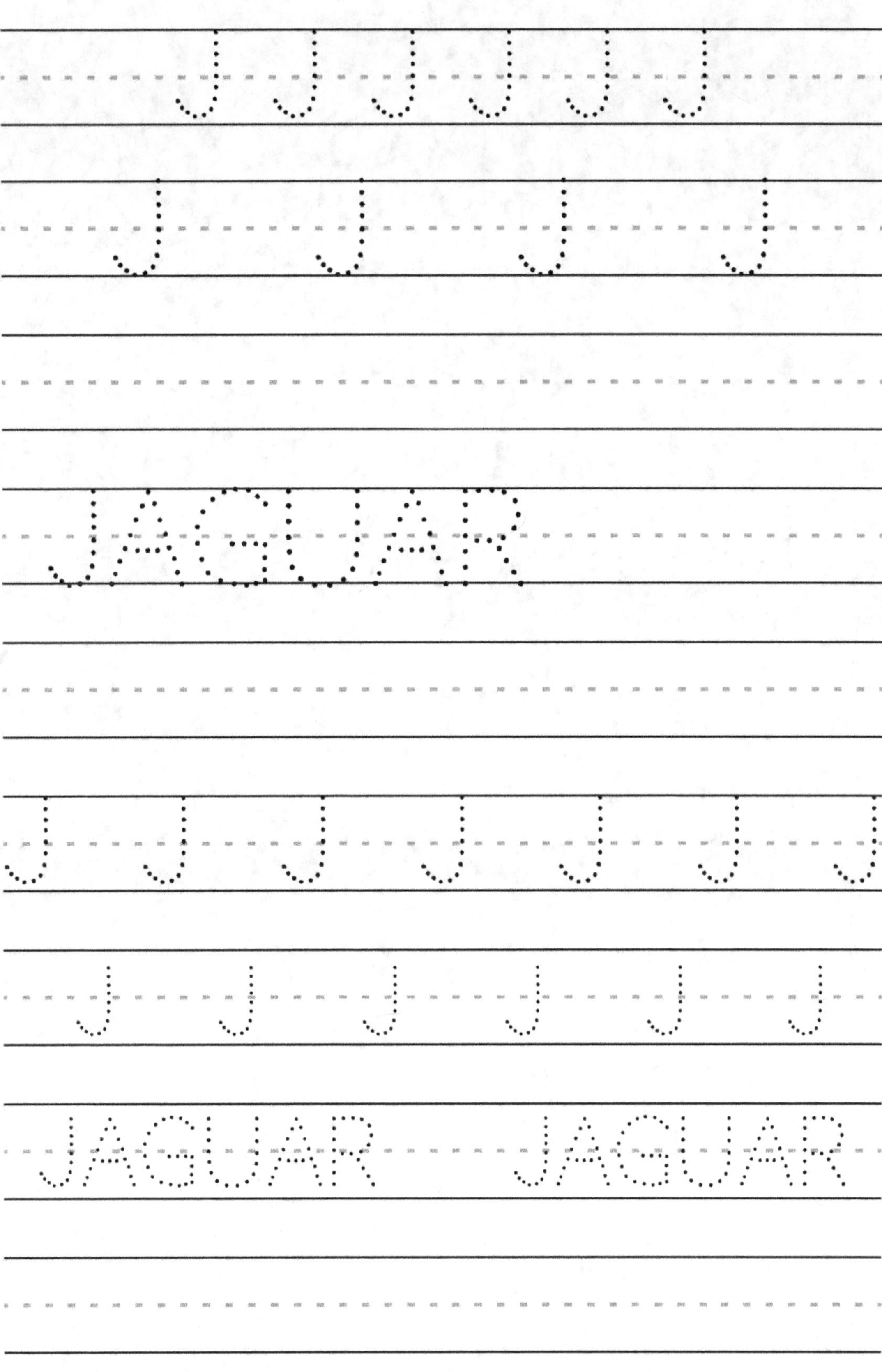

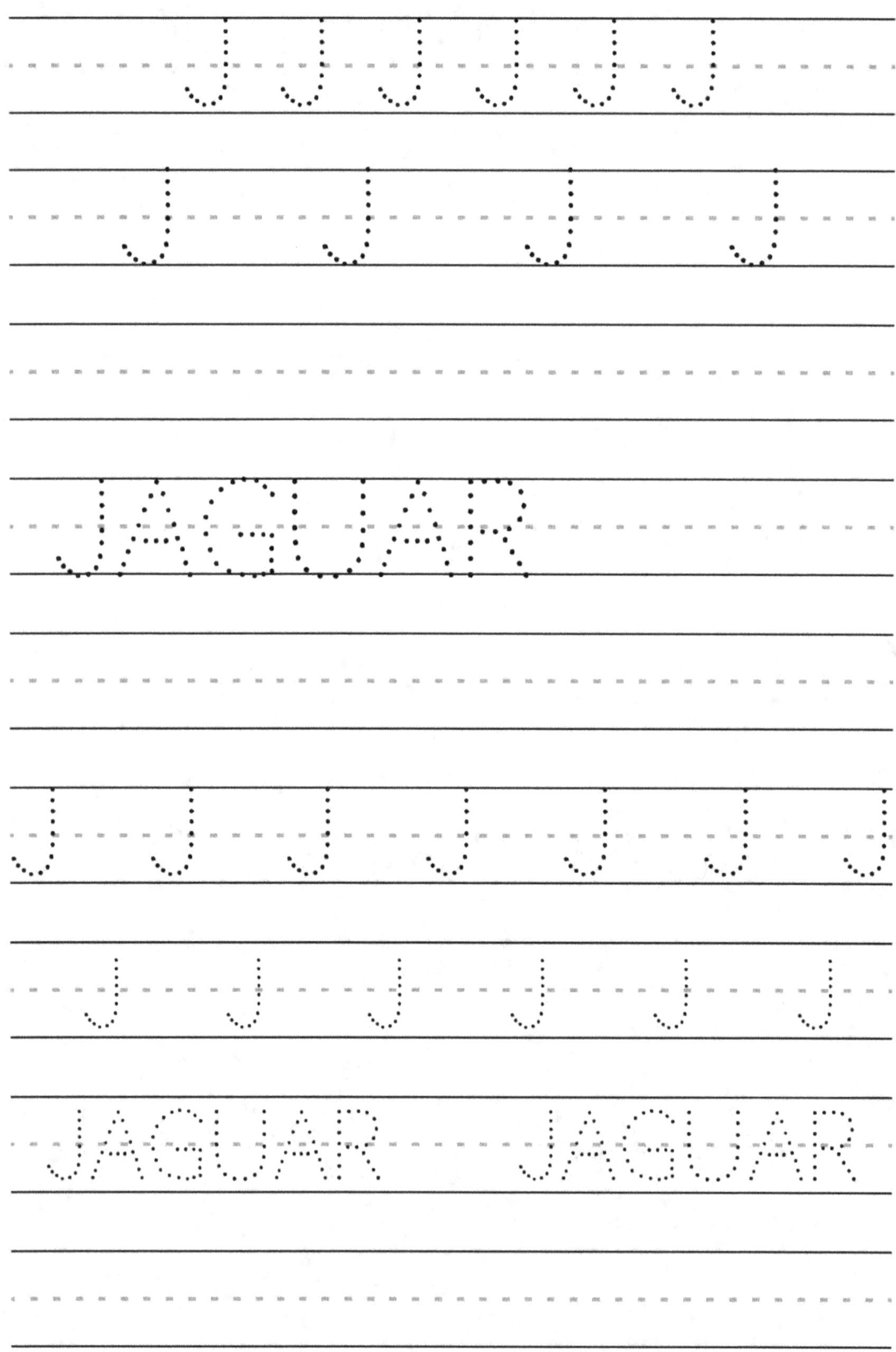

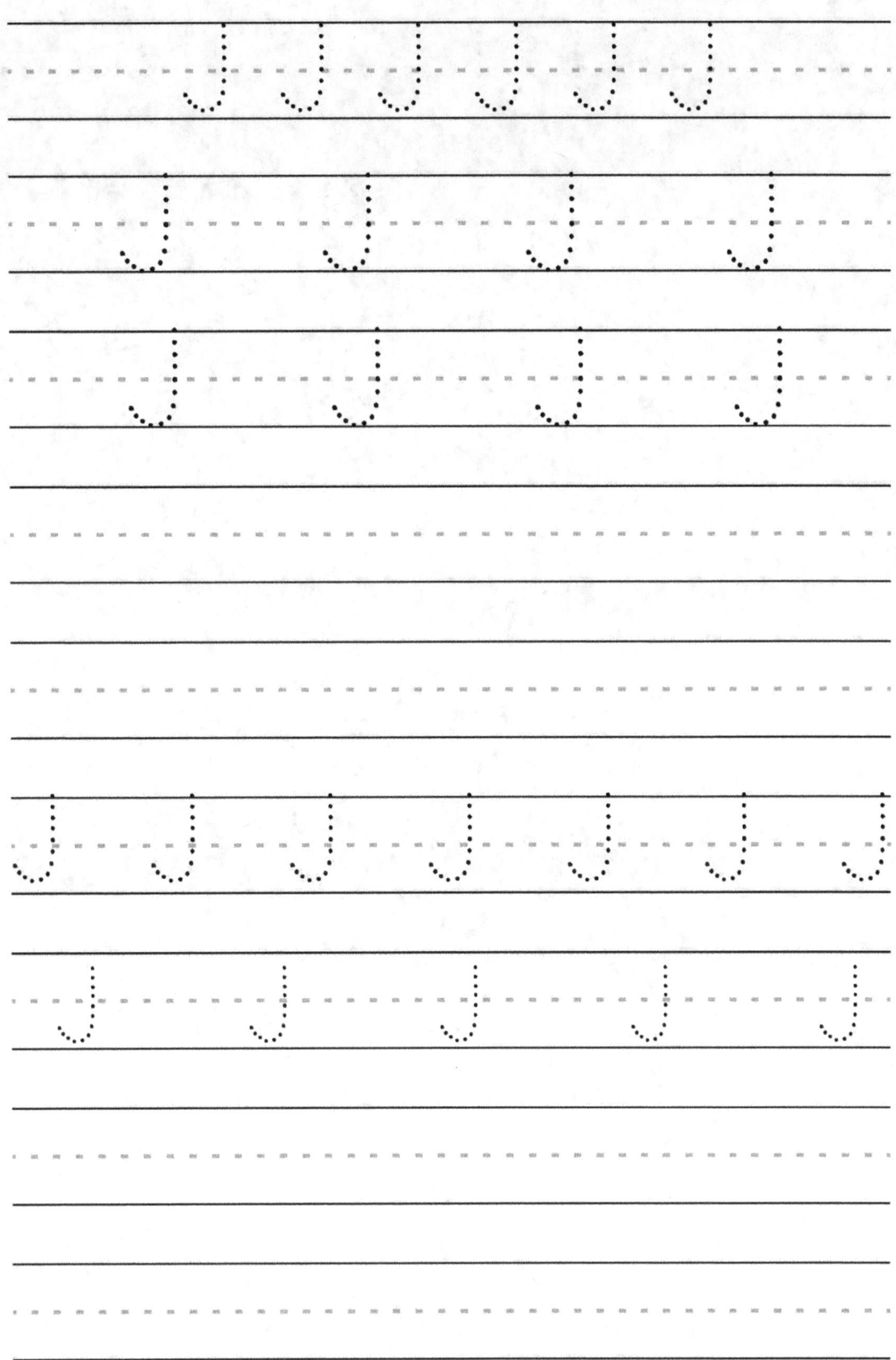

K K K K K K

K K K K

KEY   KEY

K K K K K K

K K K K K K

KEY   KEY   KEY

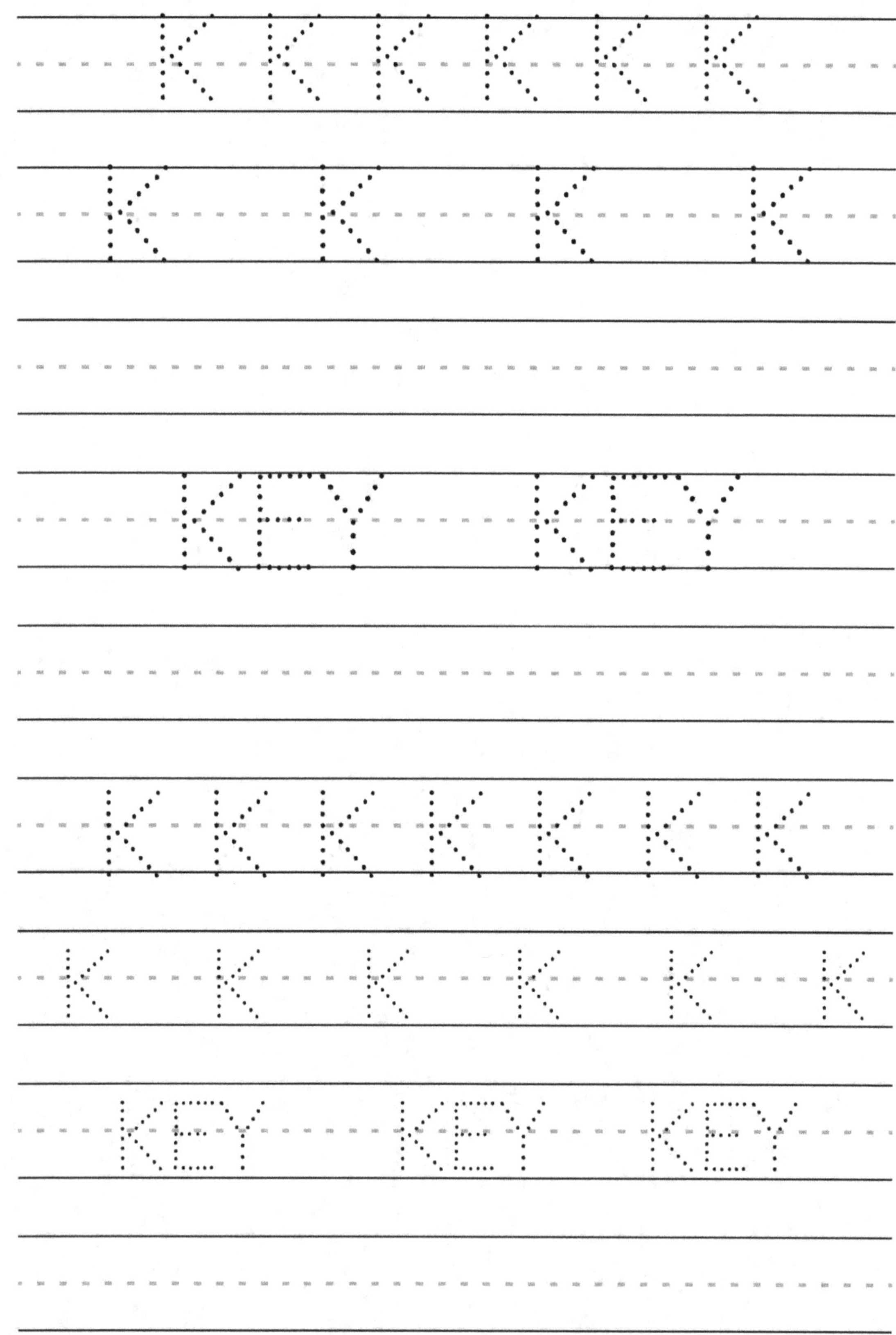

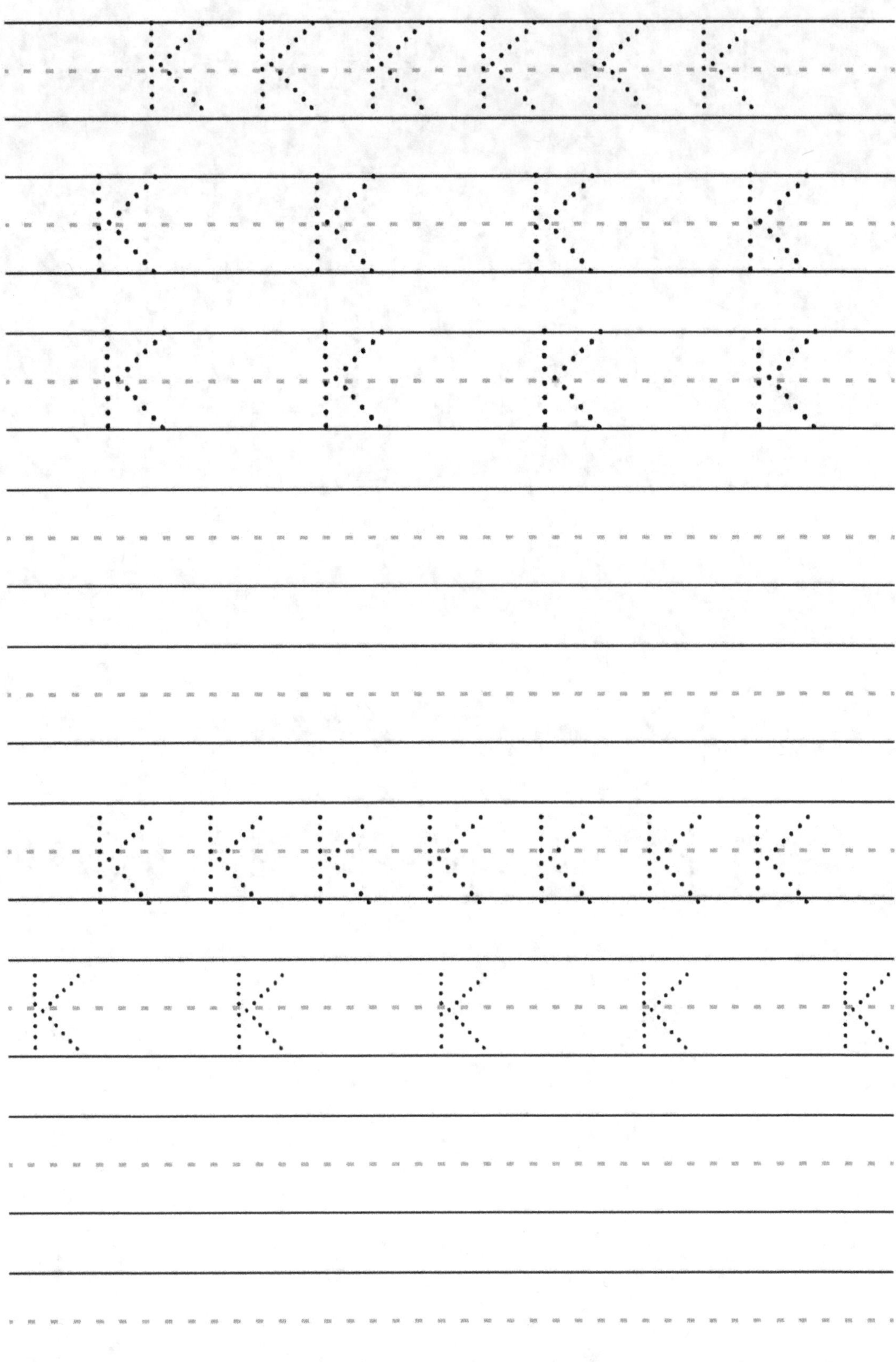

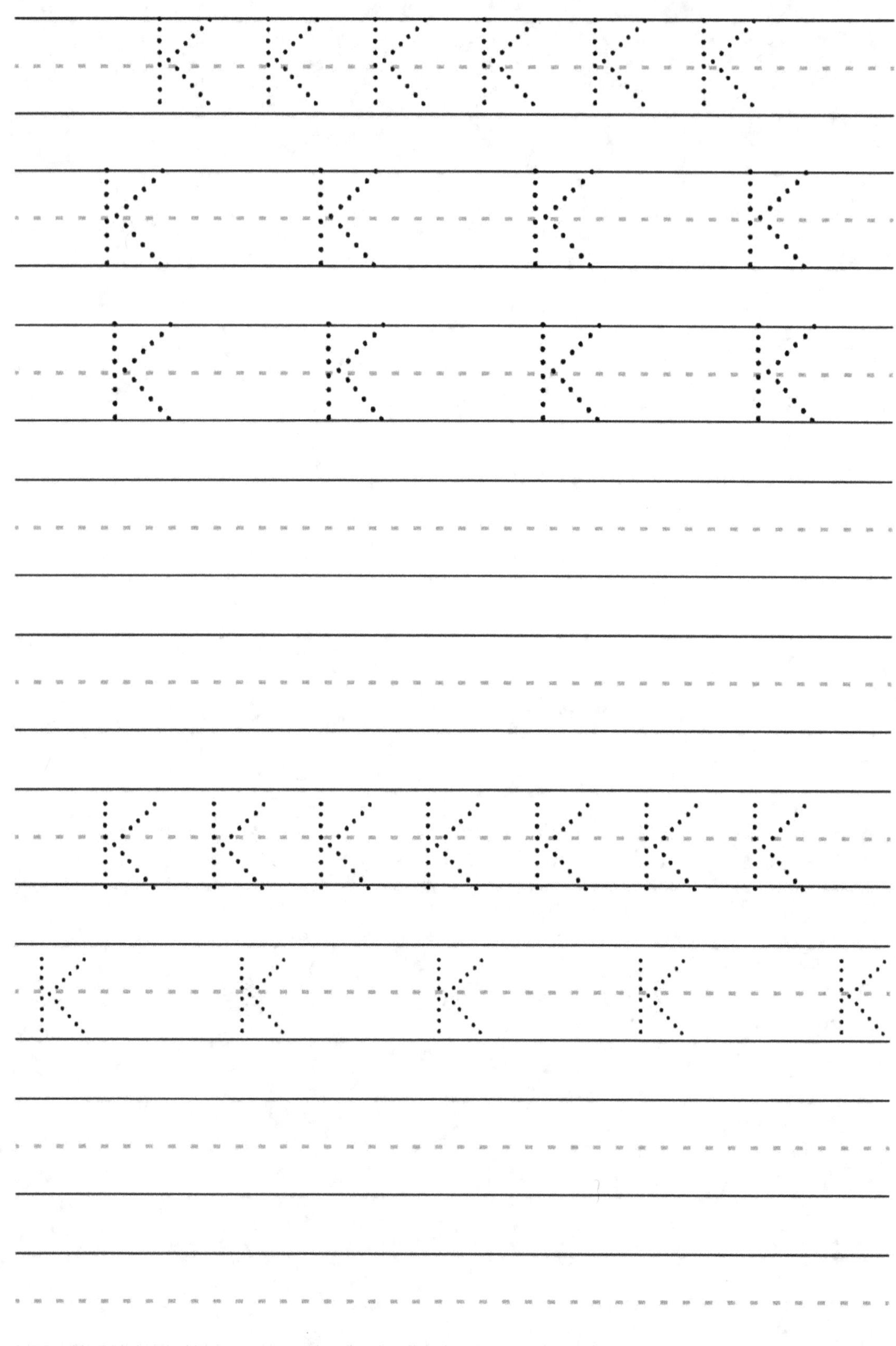

L L L L L L L
L L L L

LION LION

L L L L L L L L
L L L L L
LION LION

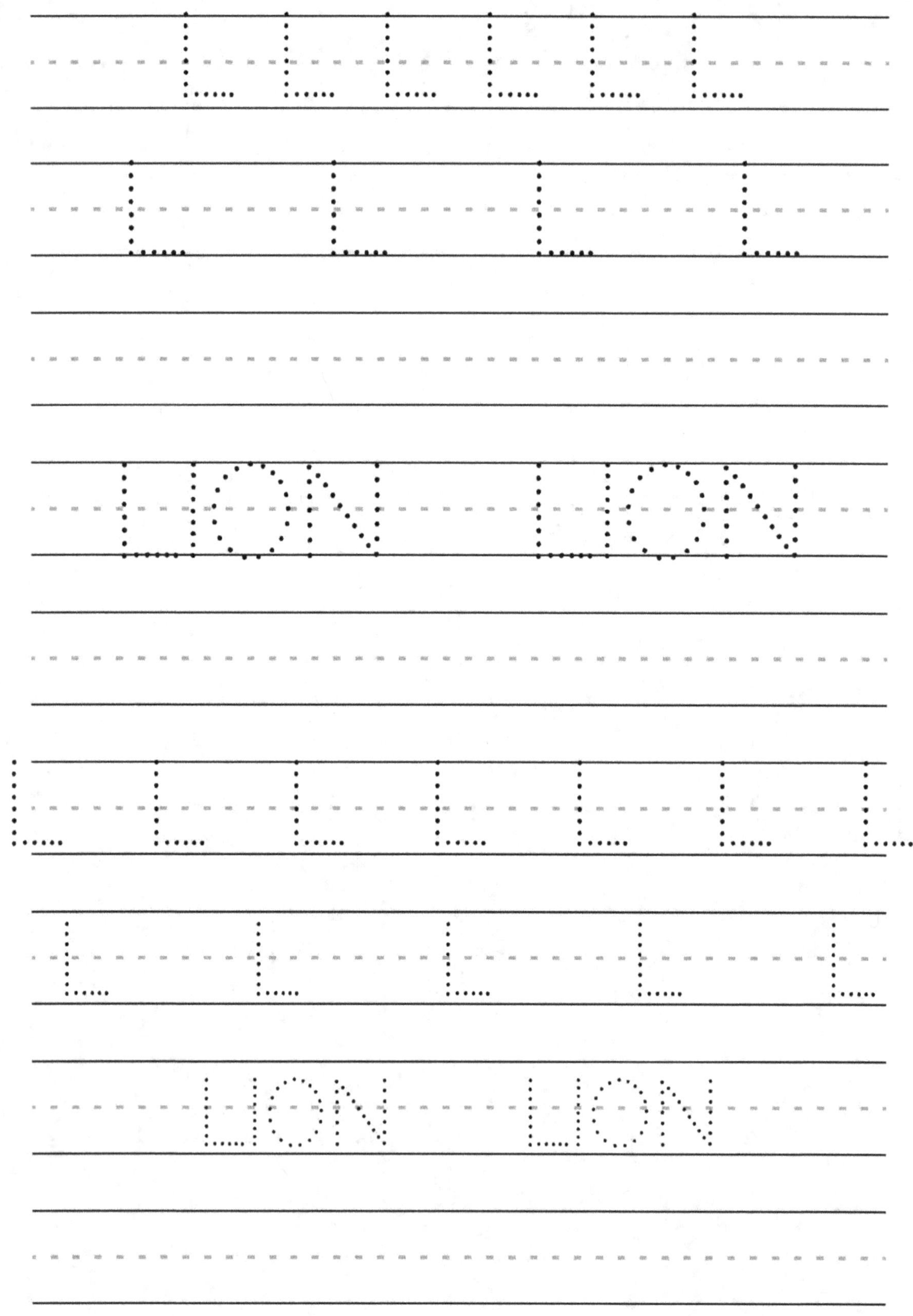

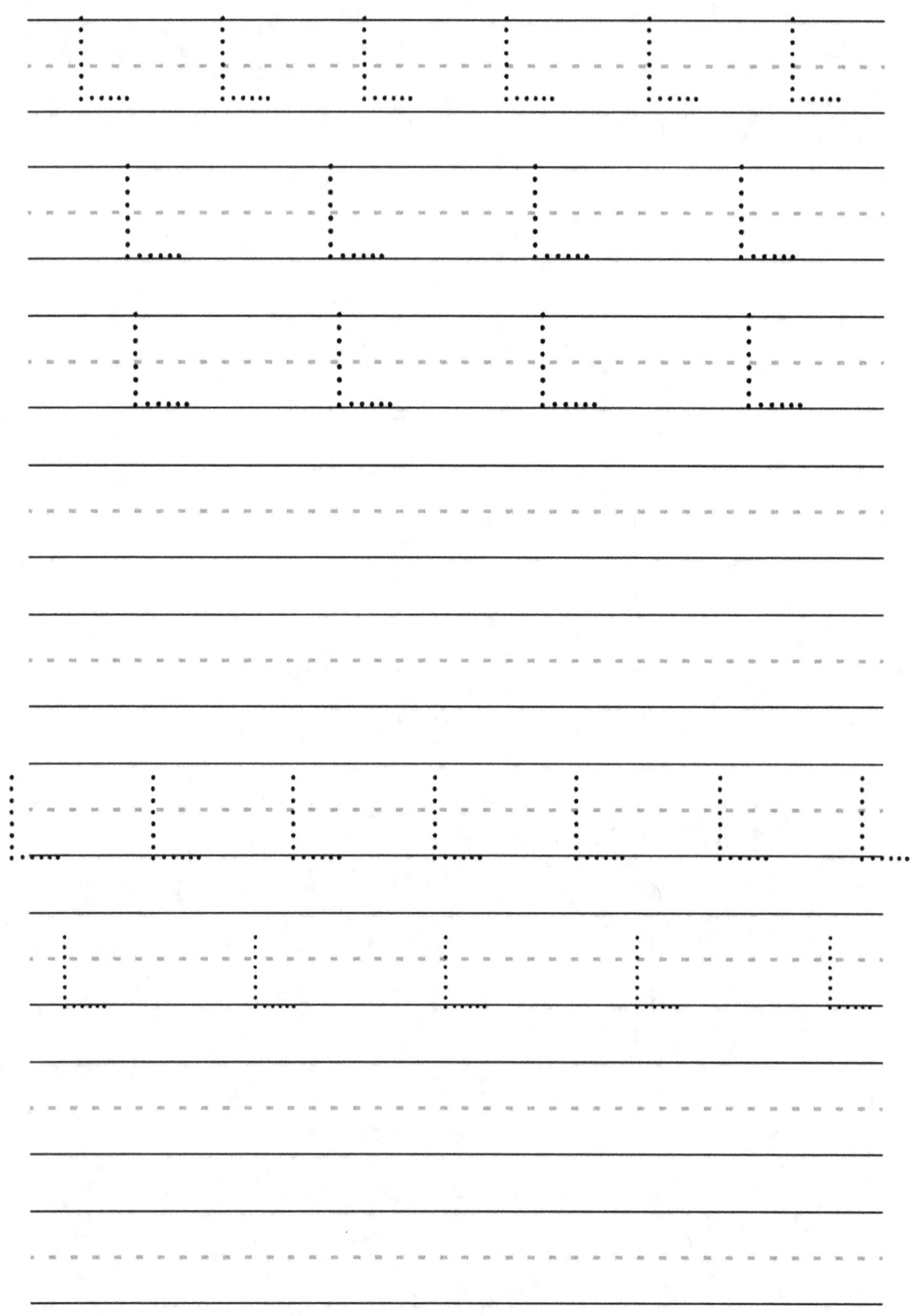

M M M M M M

M M M M M

MONKEY

M M M M M M M

M M M M M M M

MONKEY MONKEY

M M M M M M M

M M M M M M

MONKEY

M M M M M M M

M M M M M M M

MONKEY MONKEY

M M M M M M

M M M M M

M M M M

M M M M M M M

M M M M M

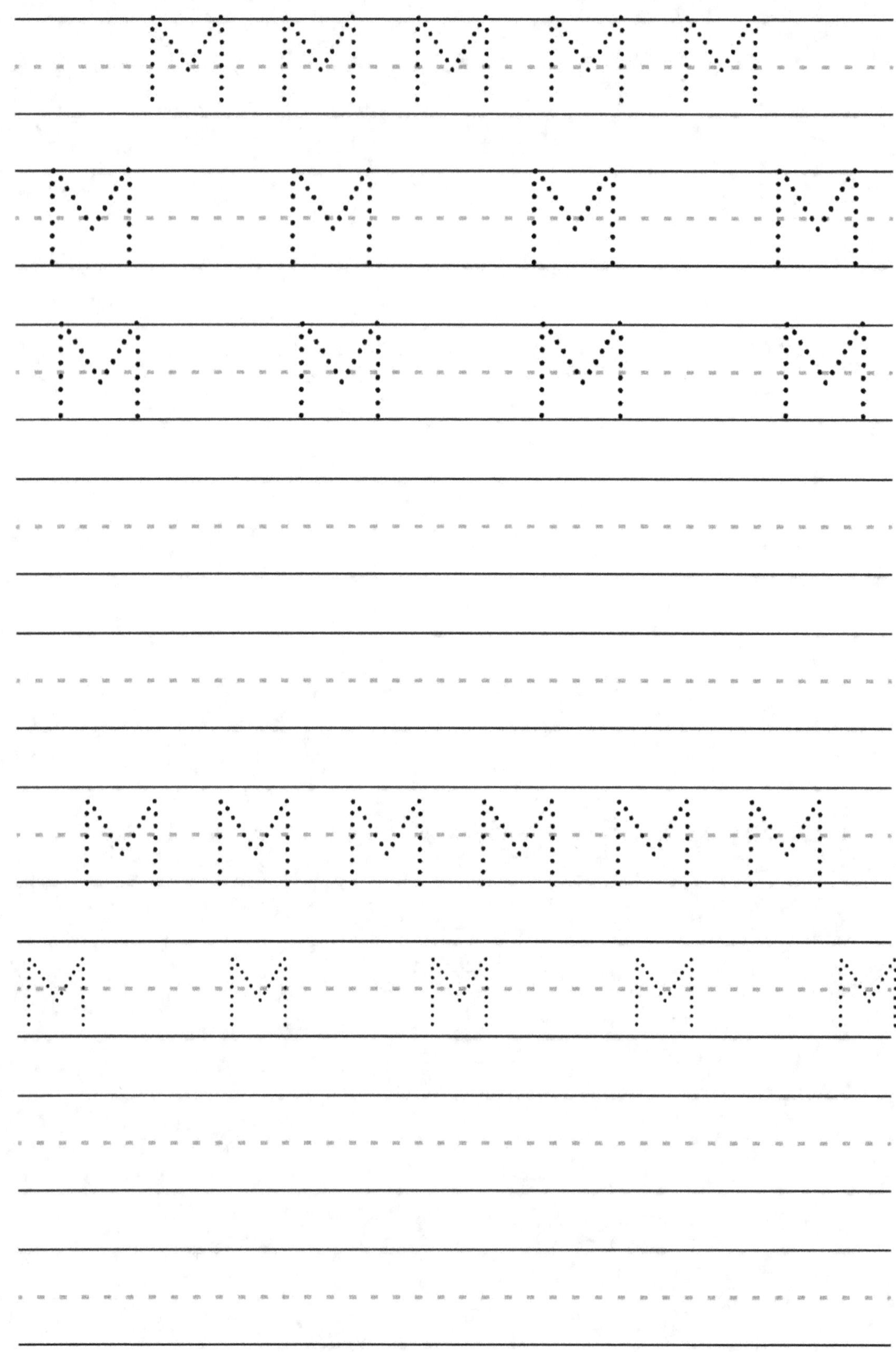

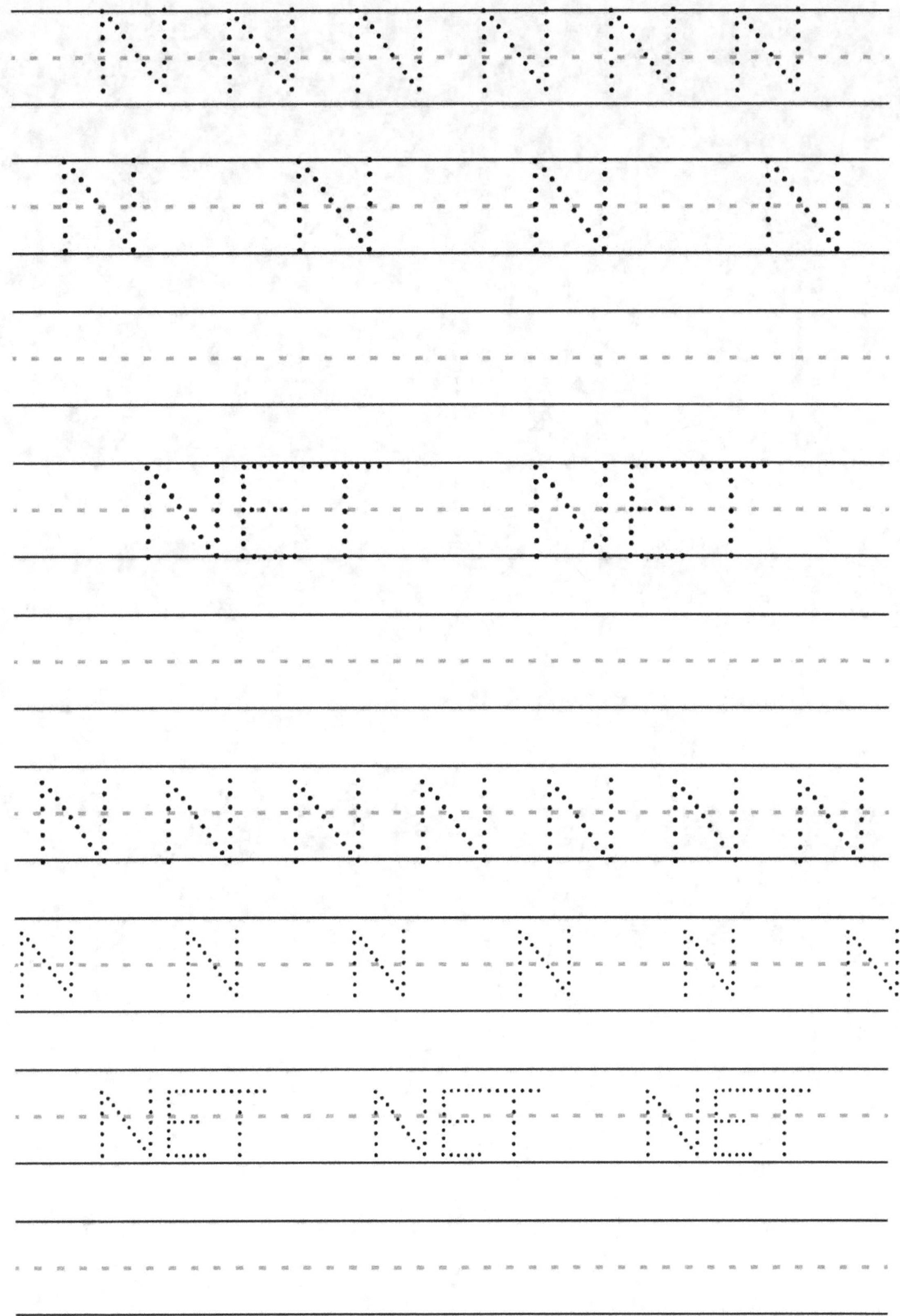

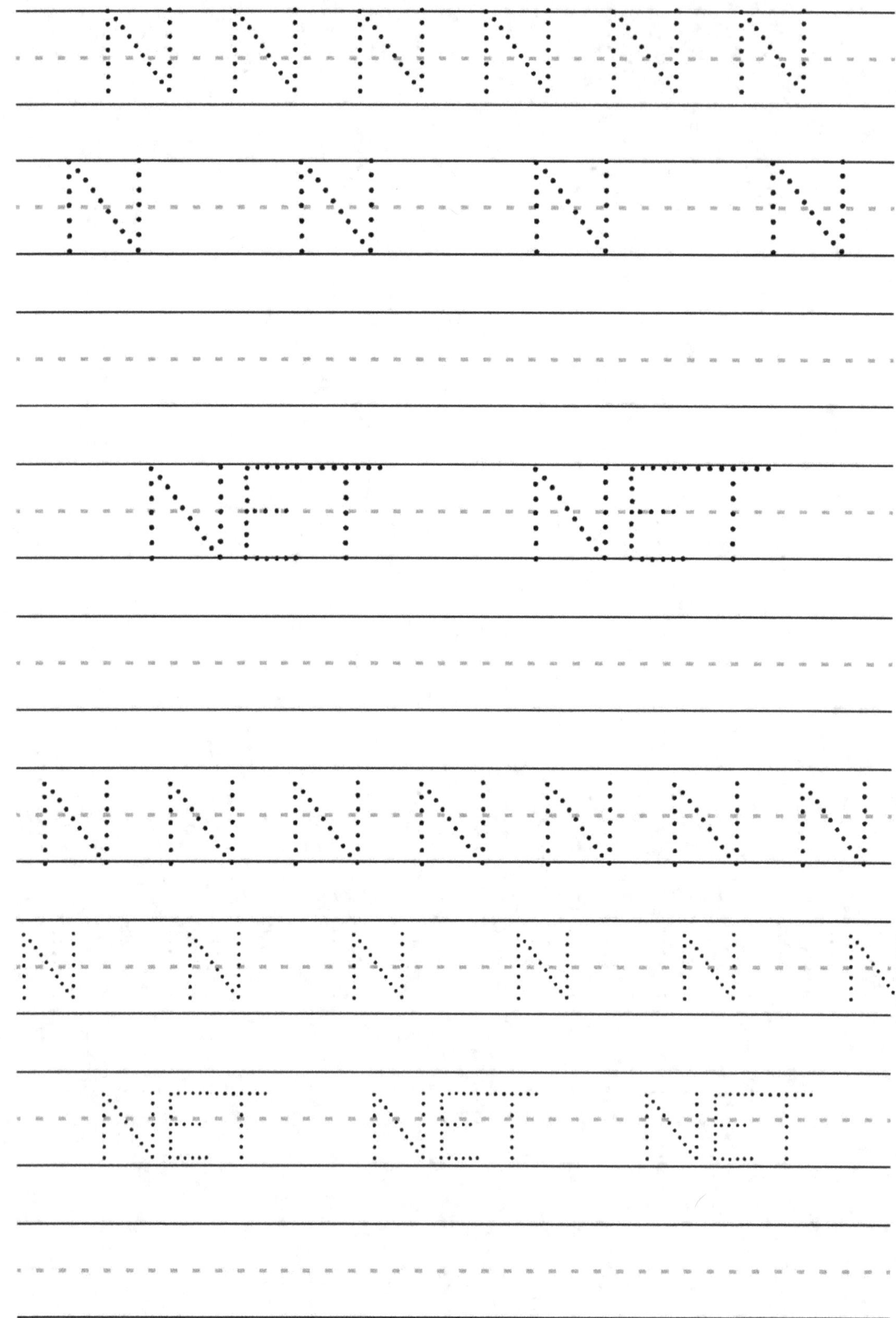

N N N N N N N

N N N N N

N N N N N

N N N N N N N

N N N N N

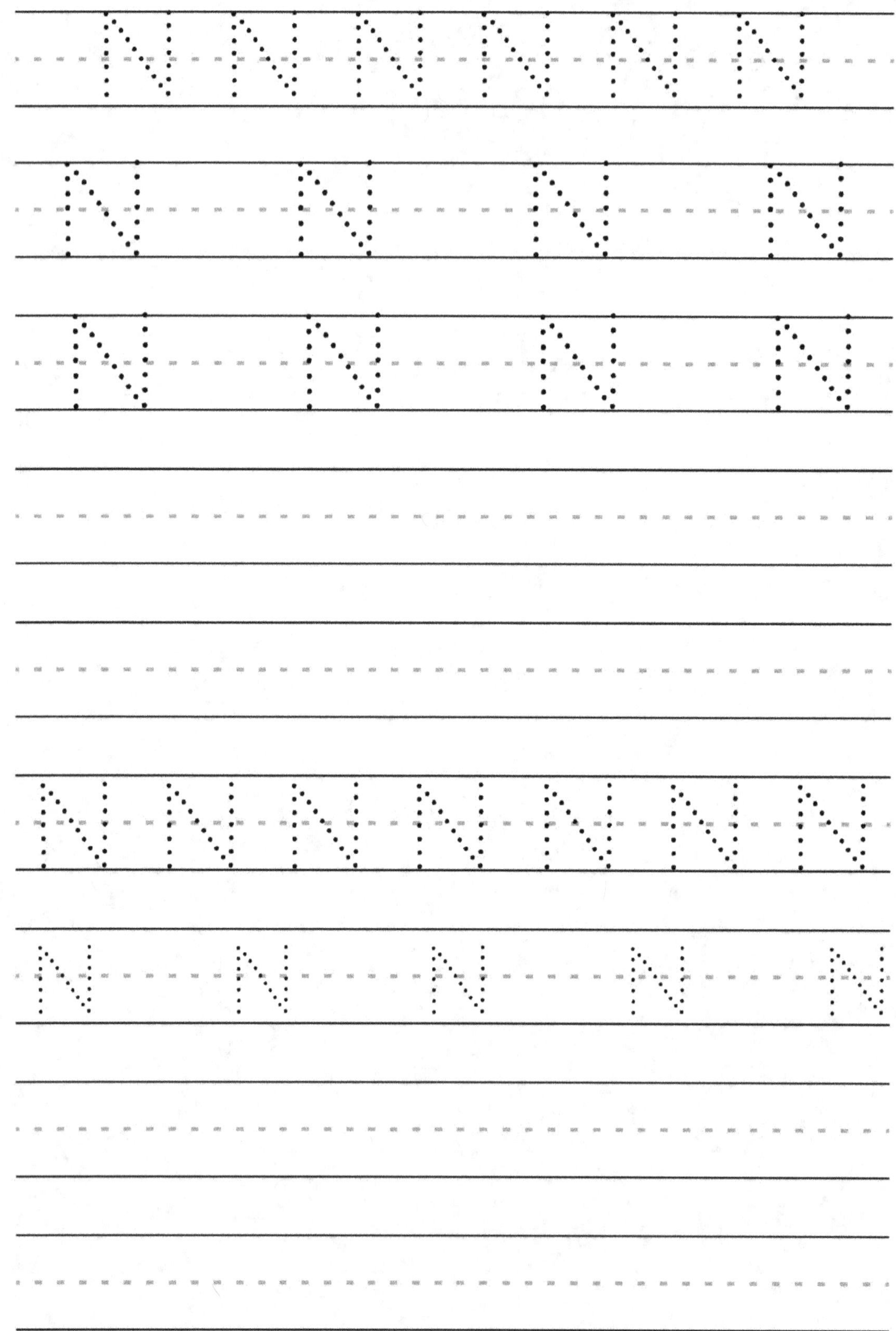

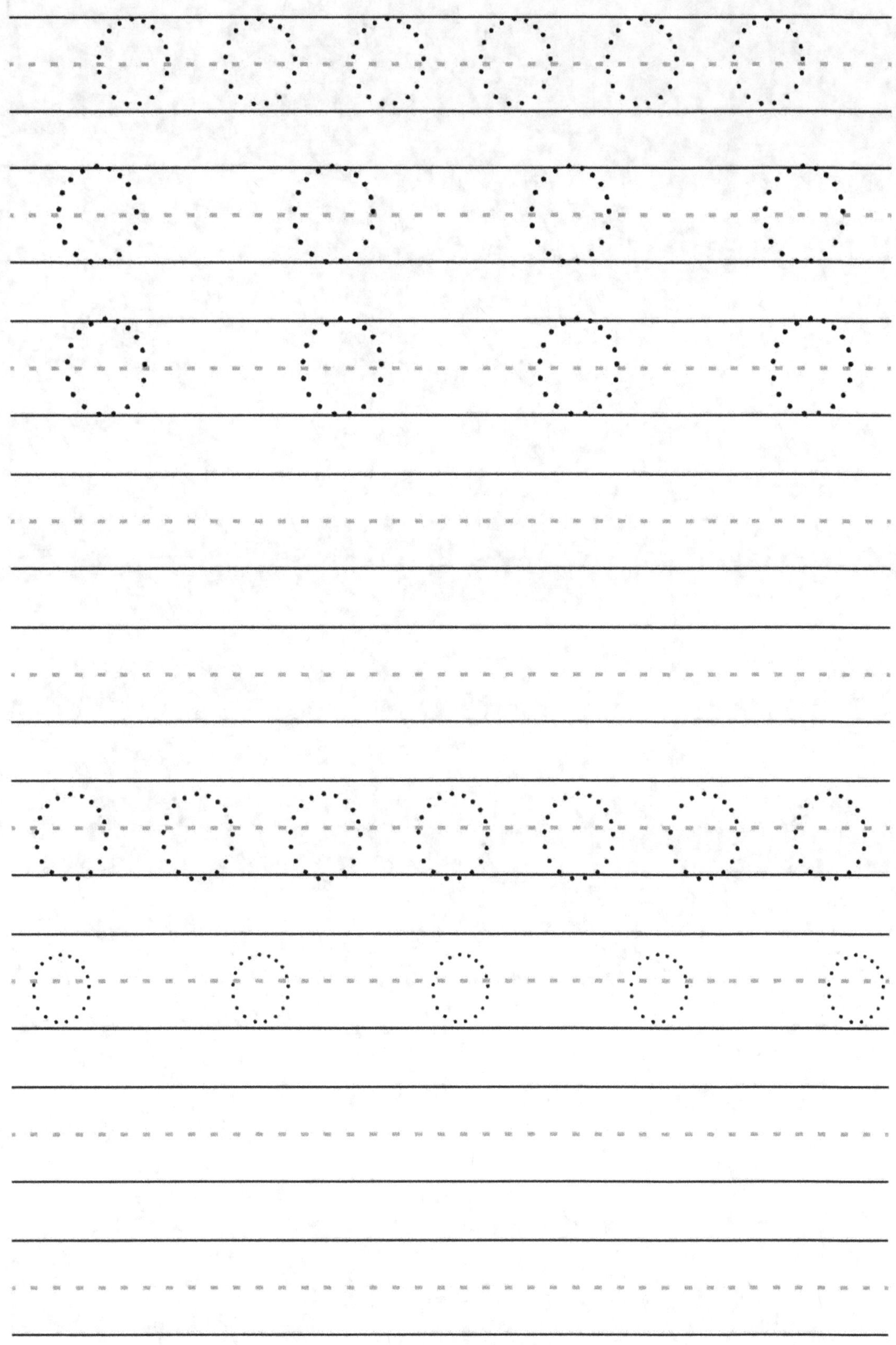

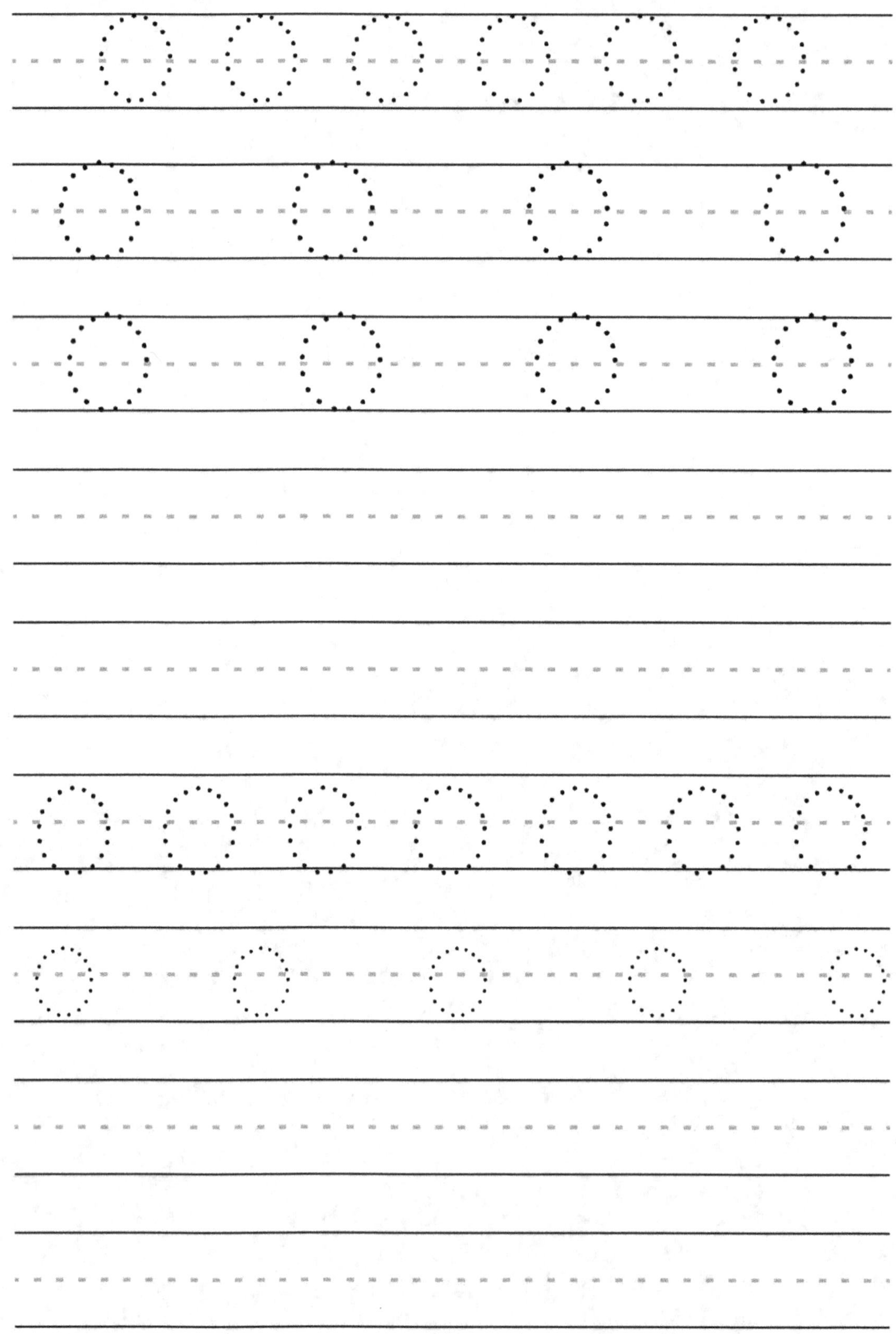

P P P P P P

P P P P

PEAR PEAR

P P P P P P

P P P P P

PEAR PEAR PEAR

P P P P P P

P P P P

PEAR   PEAR

P P P P P P

P P P P P

PEAR   PEAR   PEAR

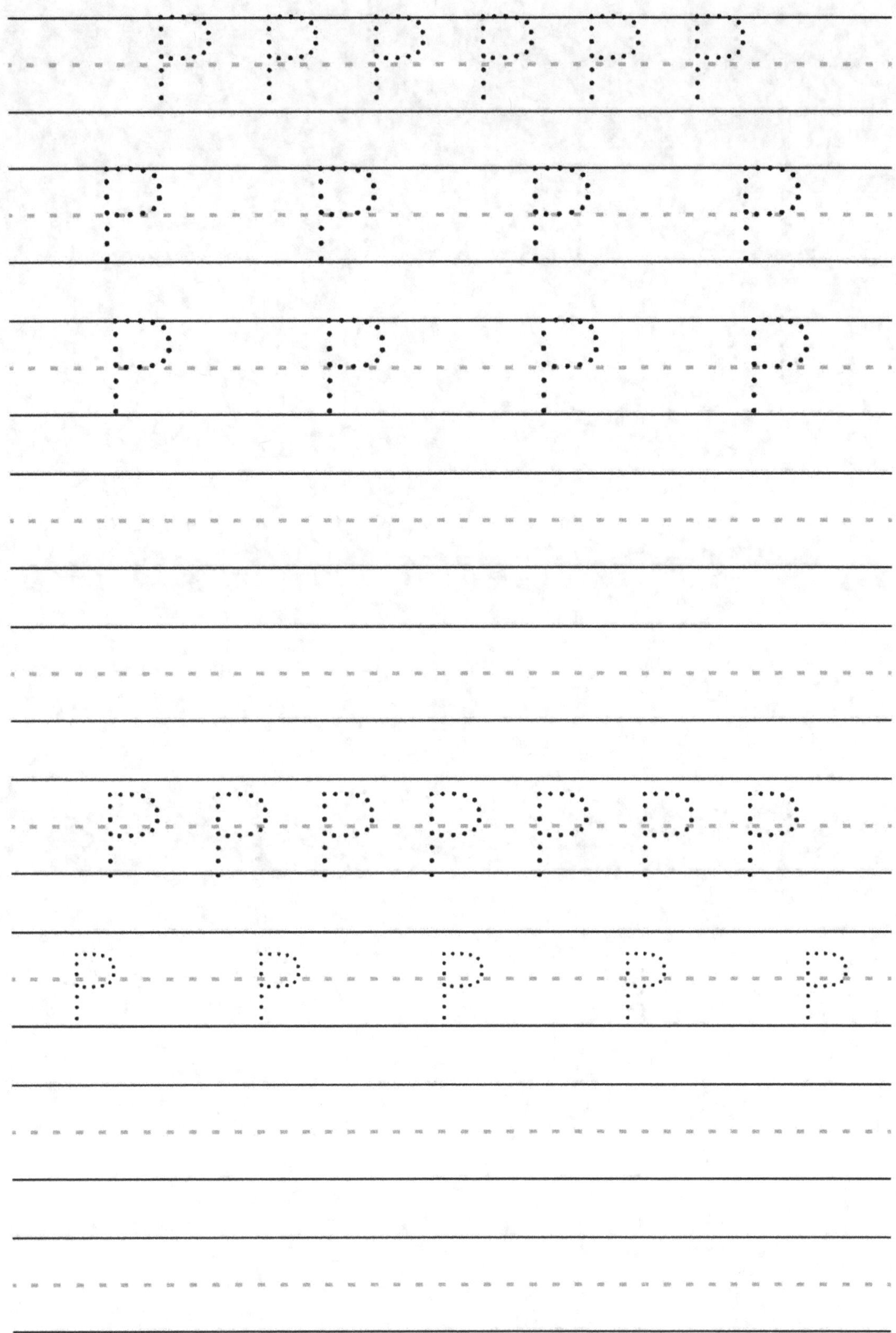

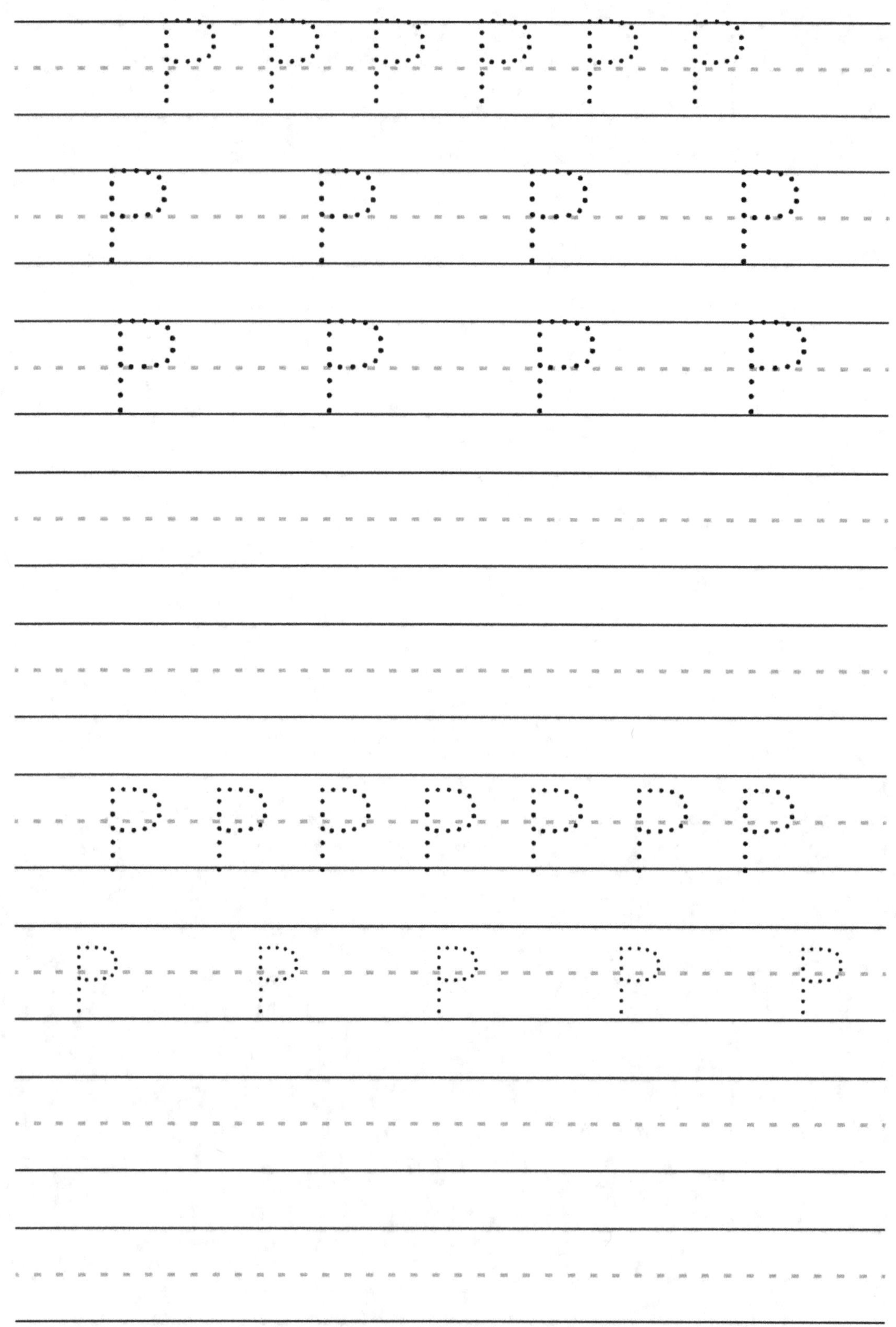

R R R R R R

R R R R

RABBIT RABBIT

R R R R R R

R R R R R

RABBIT RABBIT

R R R R R R

R R R R

RABBIT RABBIT

R R R R R R

R R R R R

RABBIT RABBIT

R R R R R R

R R R R

R R R R

R R R R R R

R R R R R

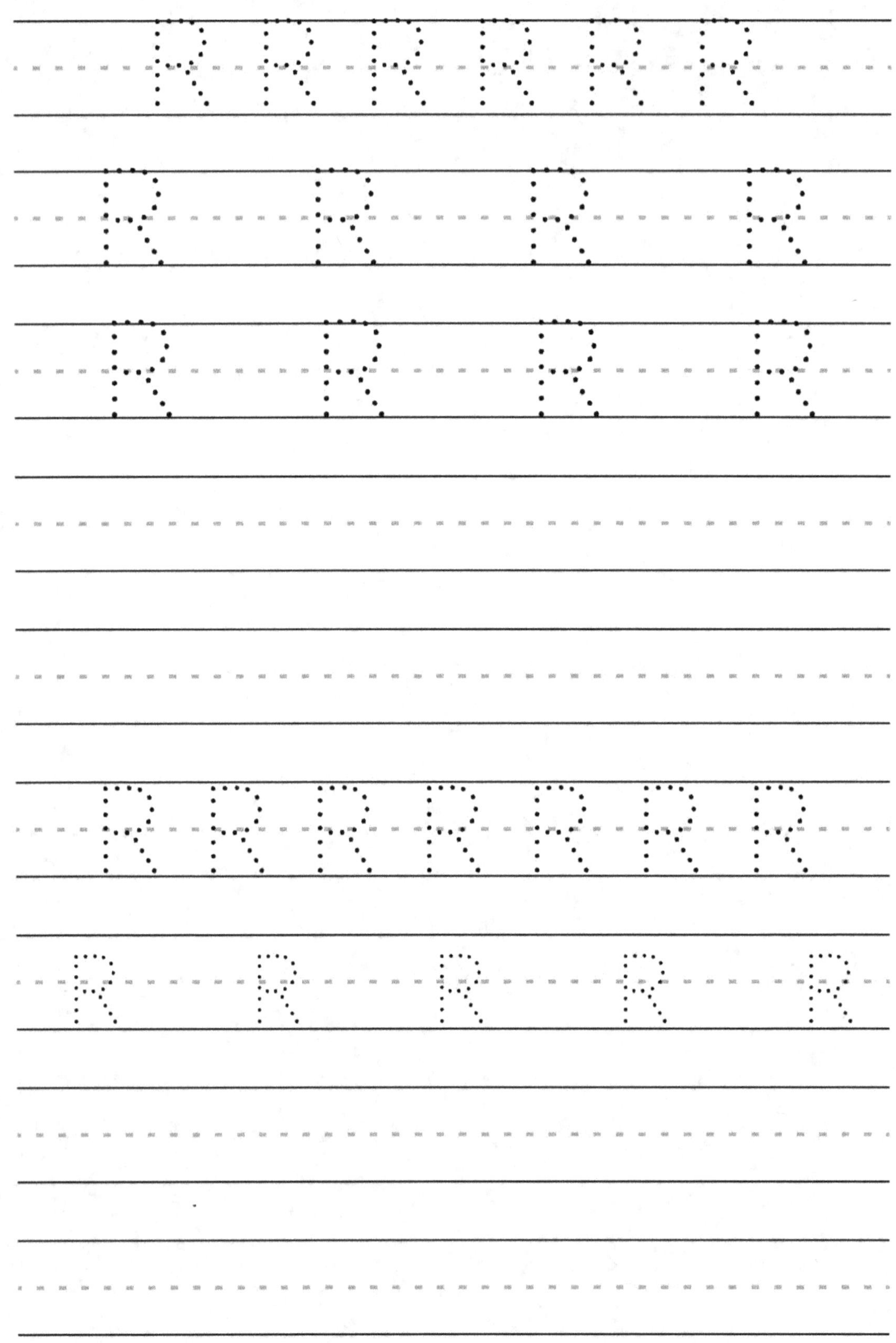

S S S S S S

S S S S

SHARK SHARK

S S S S S S

S S S S S S

SHARK SHARK

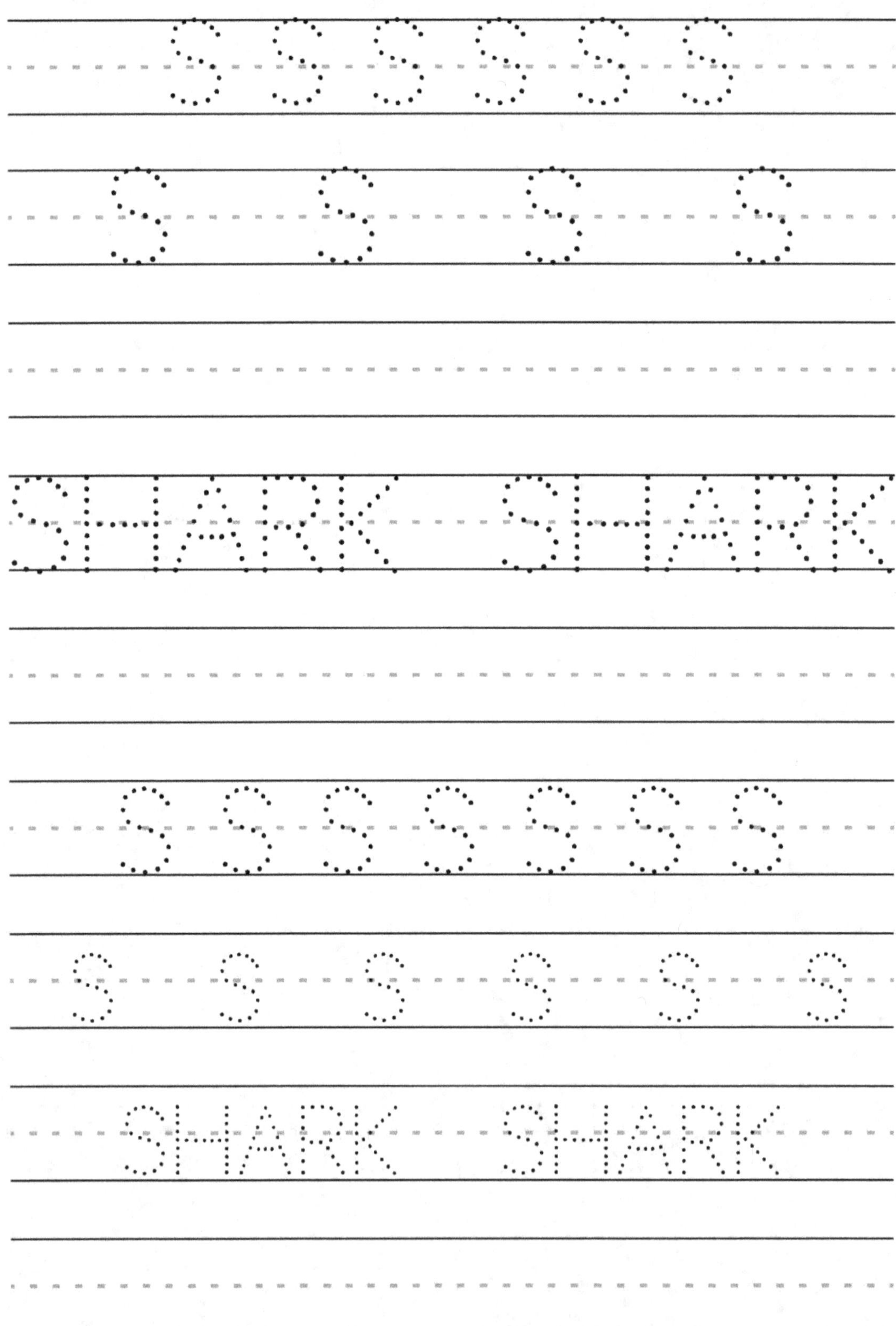

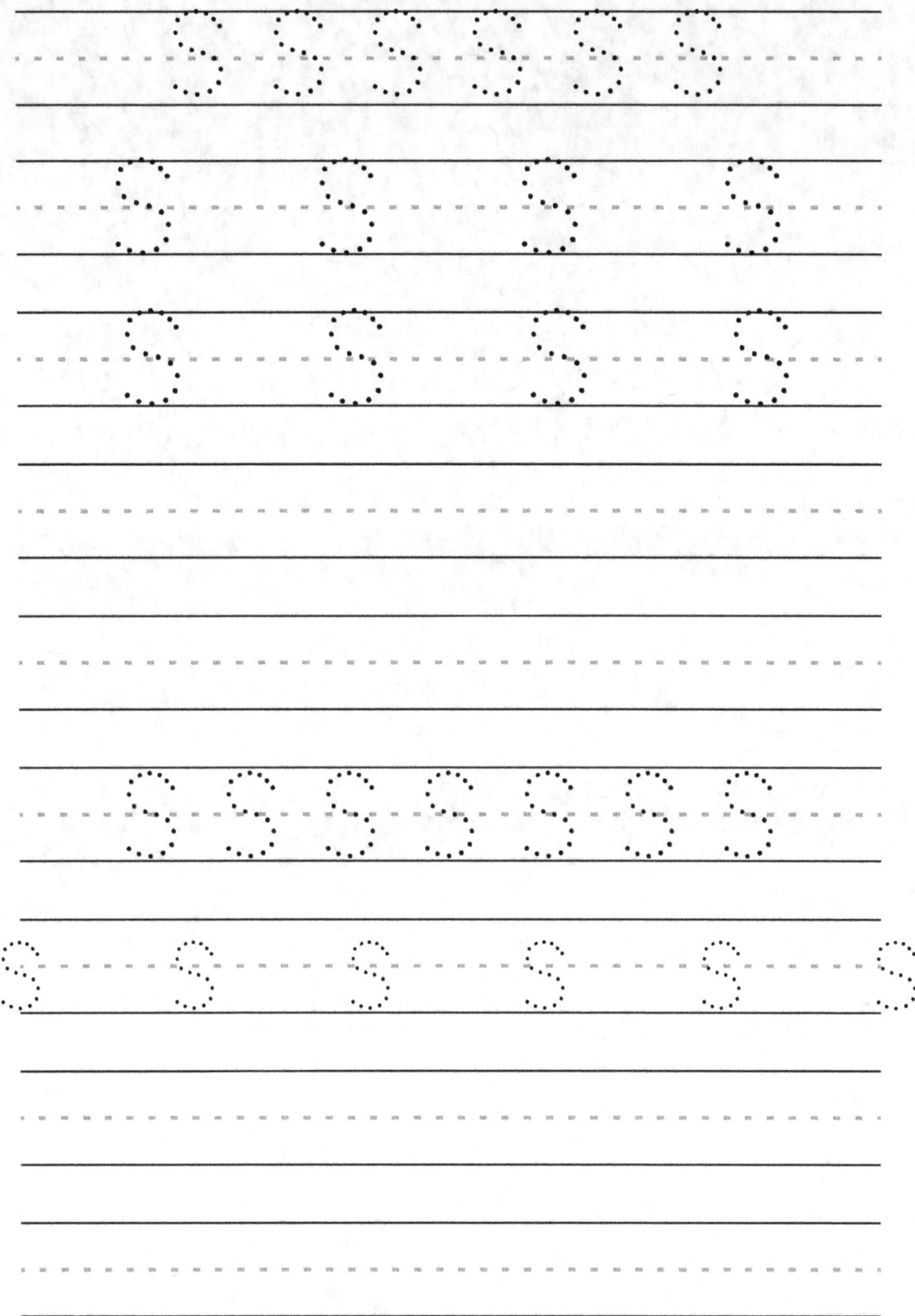

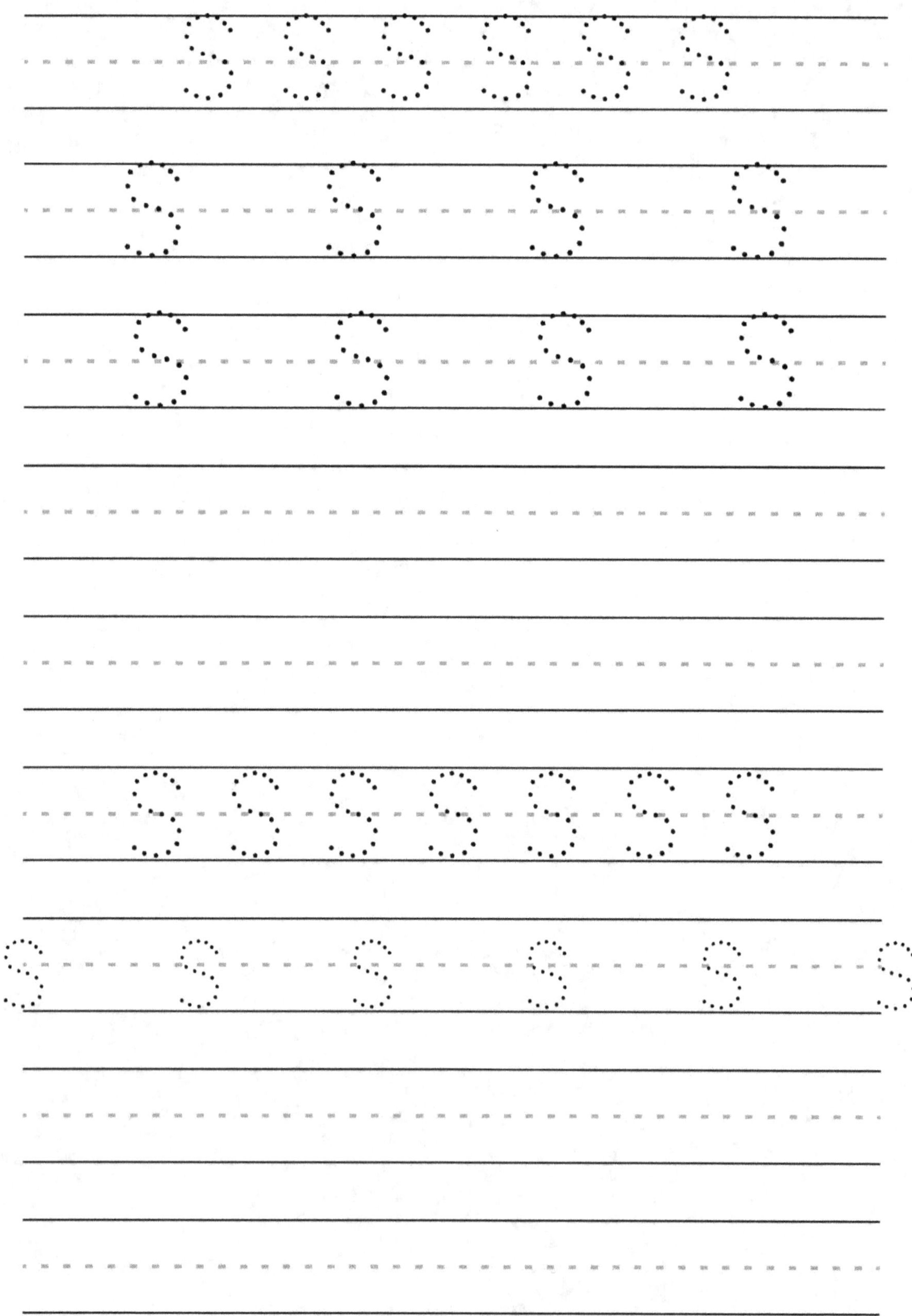

T T T T T T T

T T T T T

TRUCK TRUCK

T T T T T T T

T T T T T

TRUCK TRUCK

T T T T T T

T T T T

TRUCK TRUCK

T T T T T T

T T T T T

TRUCK TRUCK

T T T T T T

T T T T

T T T T

T T T T T T T

T T T T T

T T T T T T

T T T T

T T T T

T T T T T T T

T T T T T

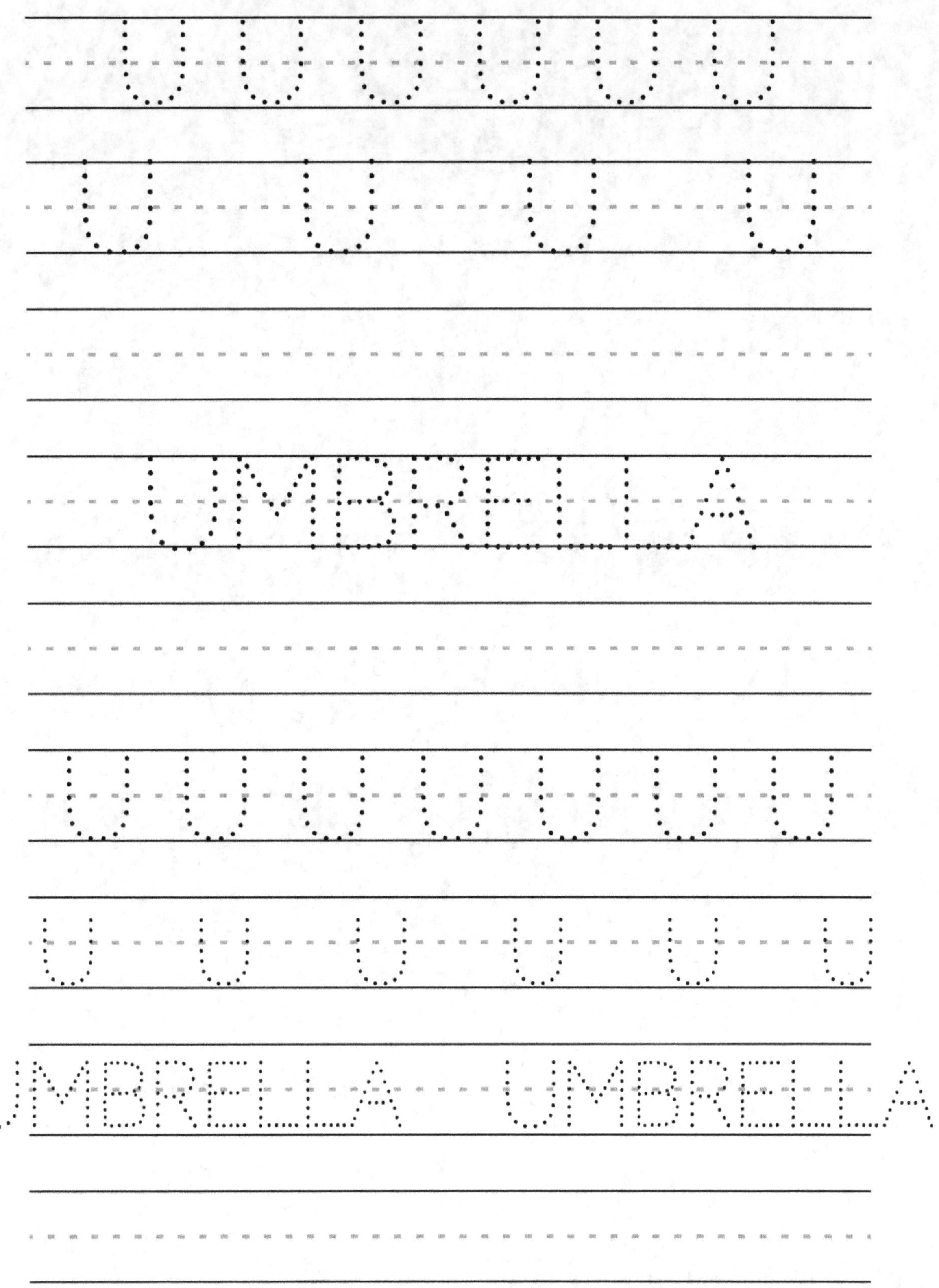

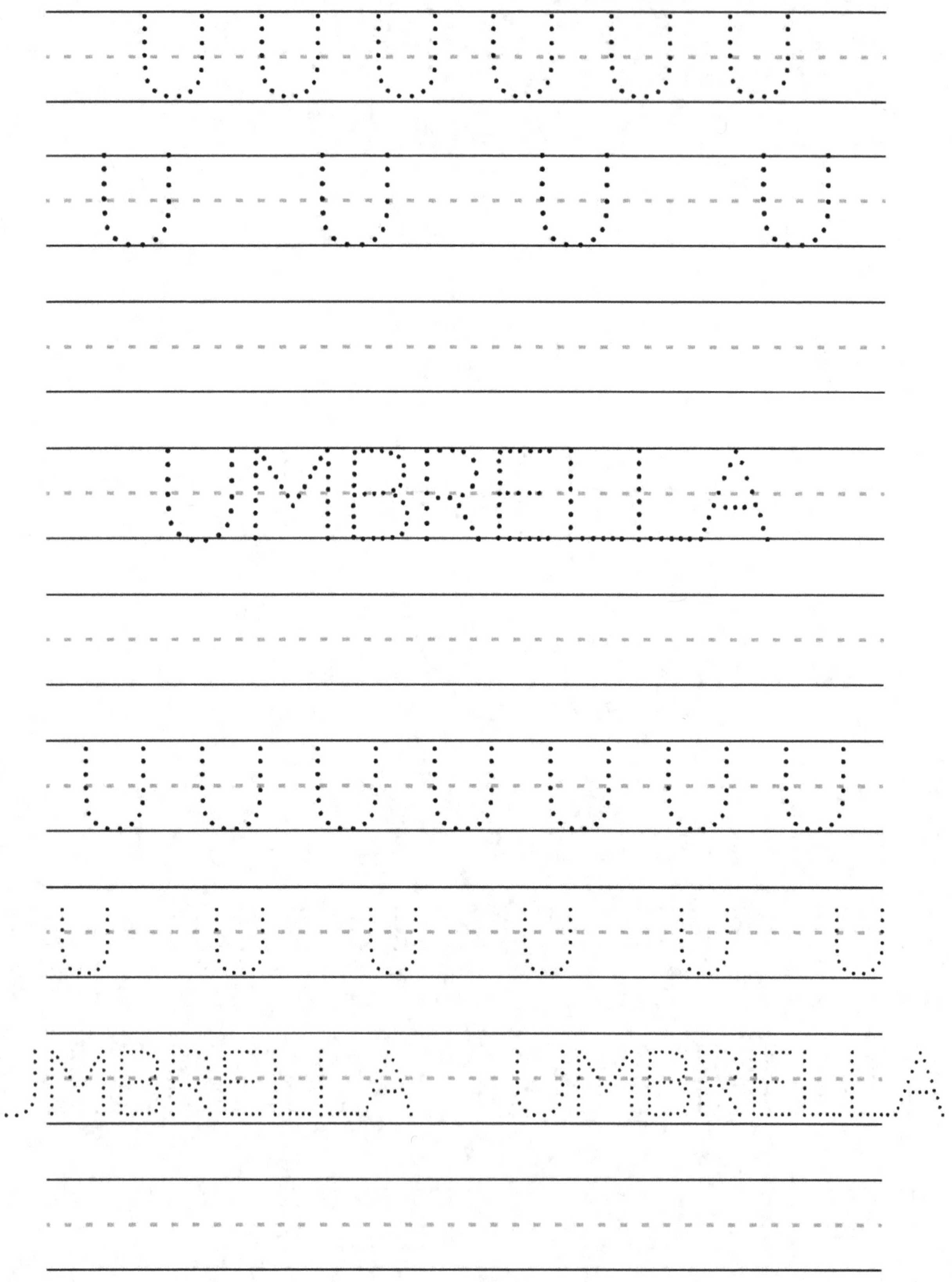

U U U U U U U
U U U U
UMBRELLA
U U U U U U U U
U U U U U U
UMBRELLA UMBRELLA

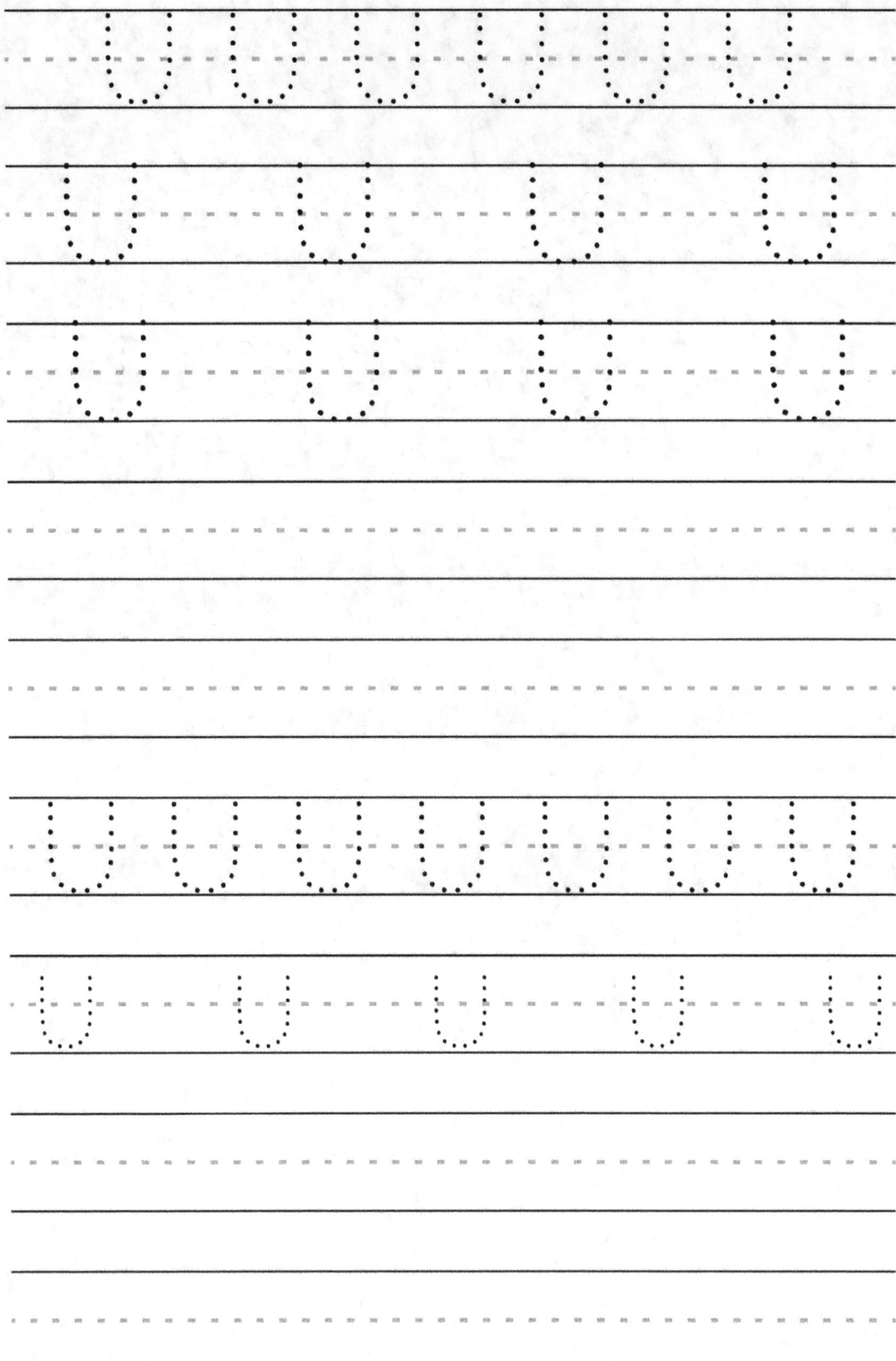

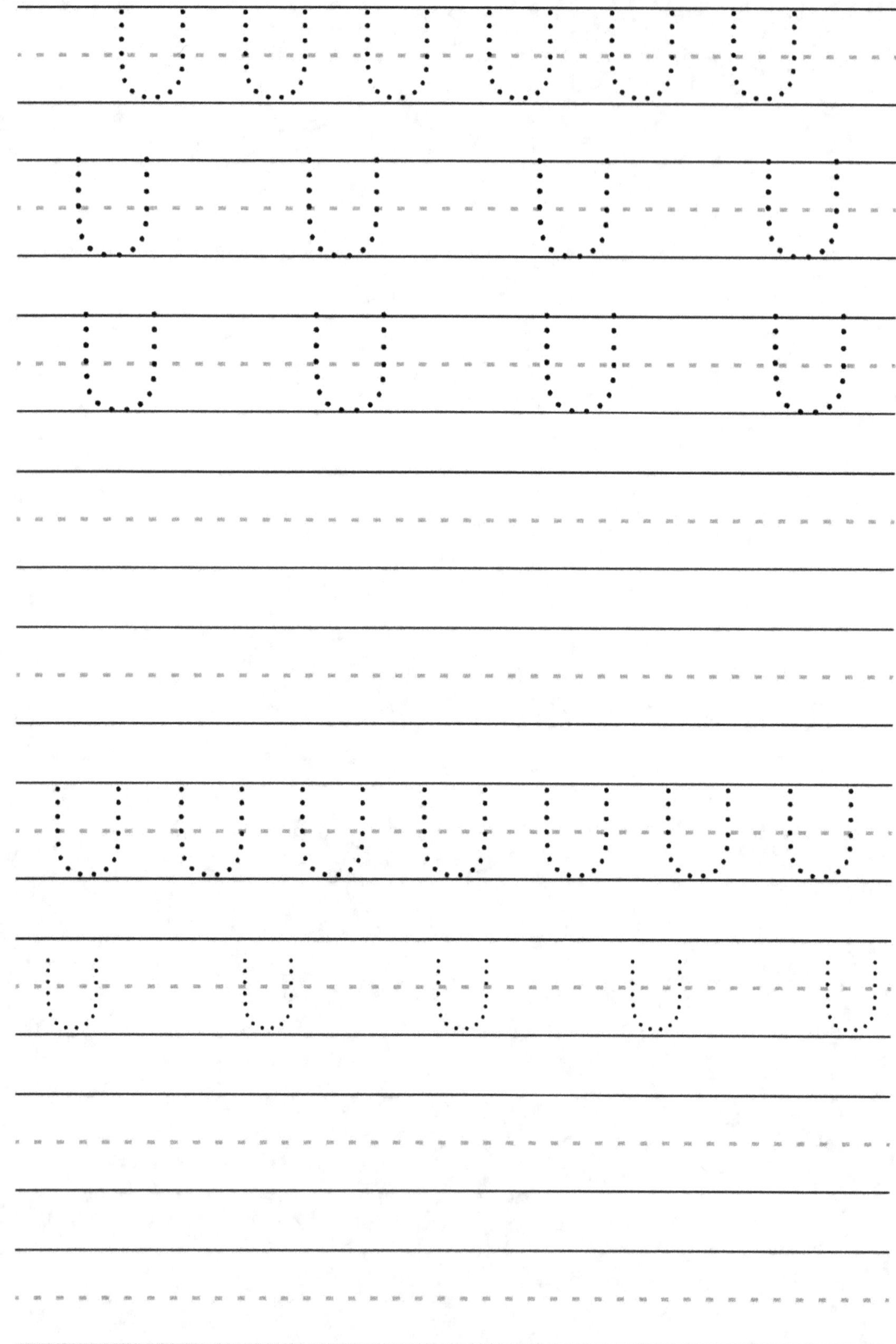

V V V V V V V V

V V V V V V

VIOLIN VIOLIN

V V V V V V V V

V V V V V V V

VIOLIN VIOLIN

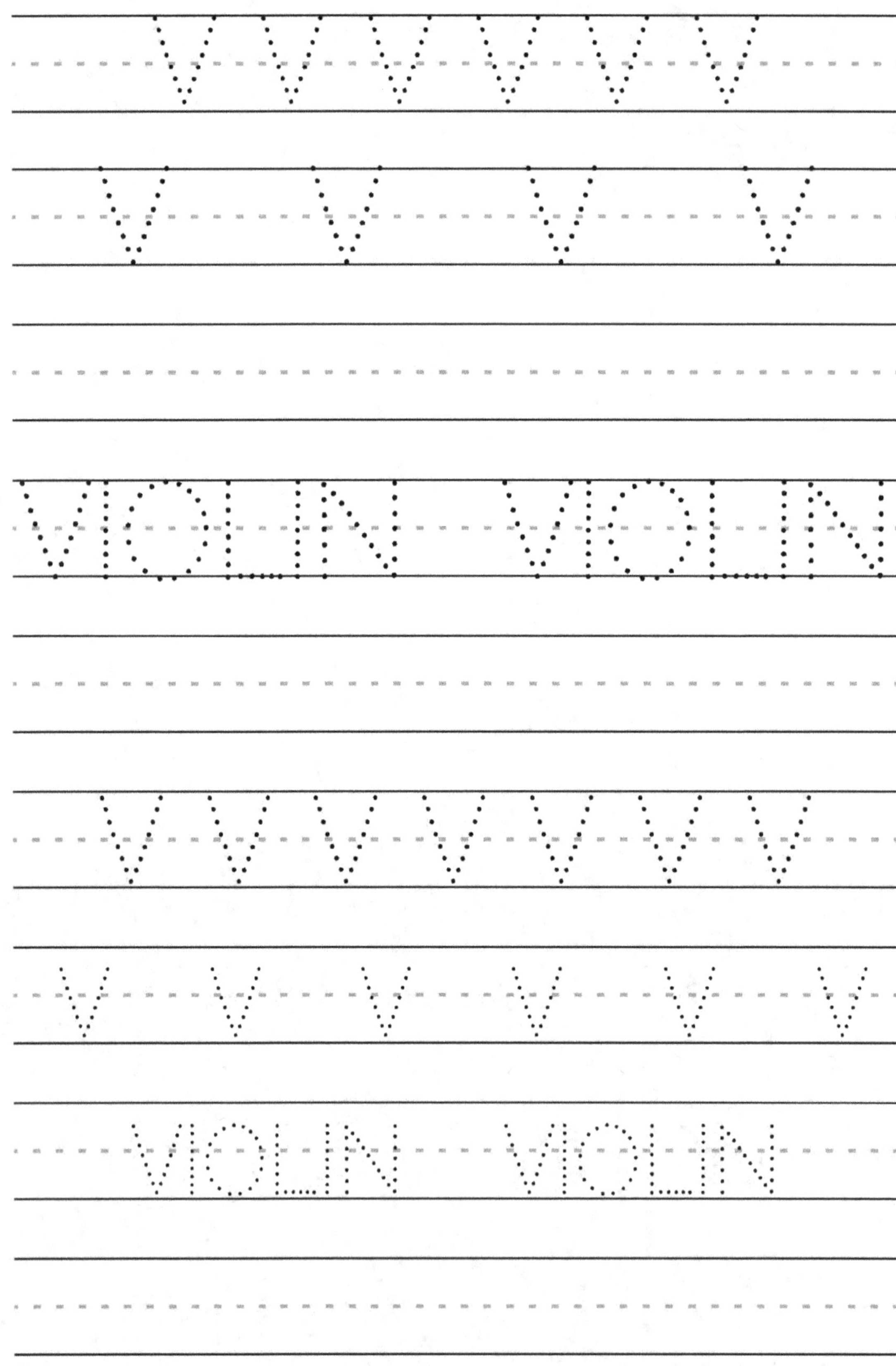

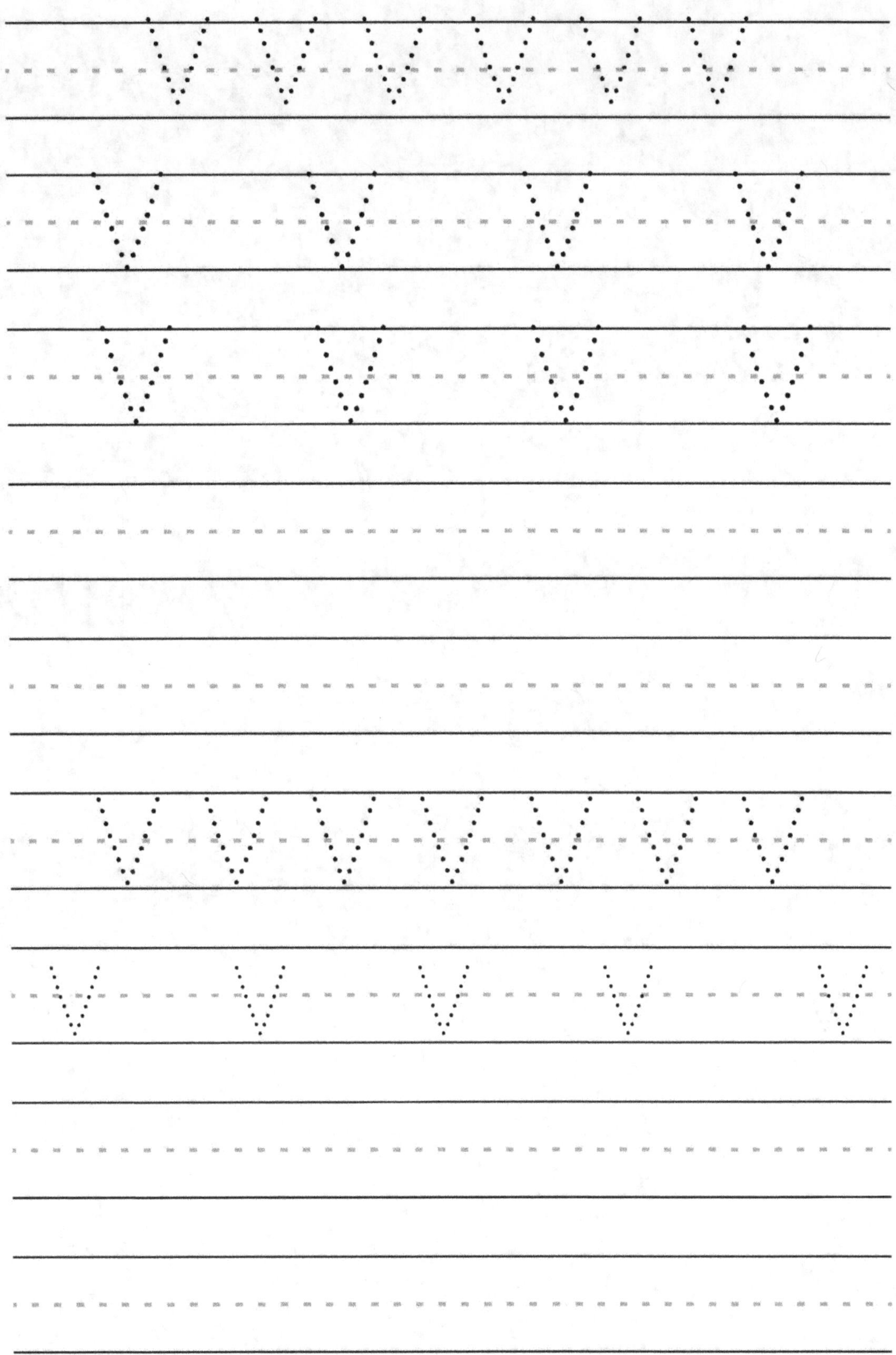

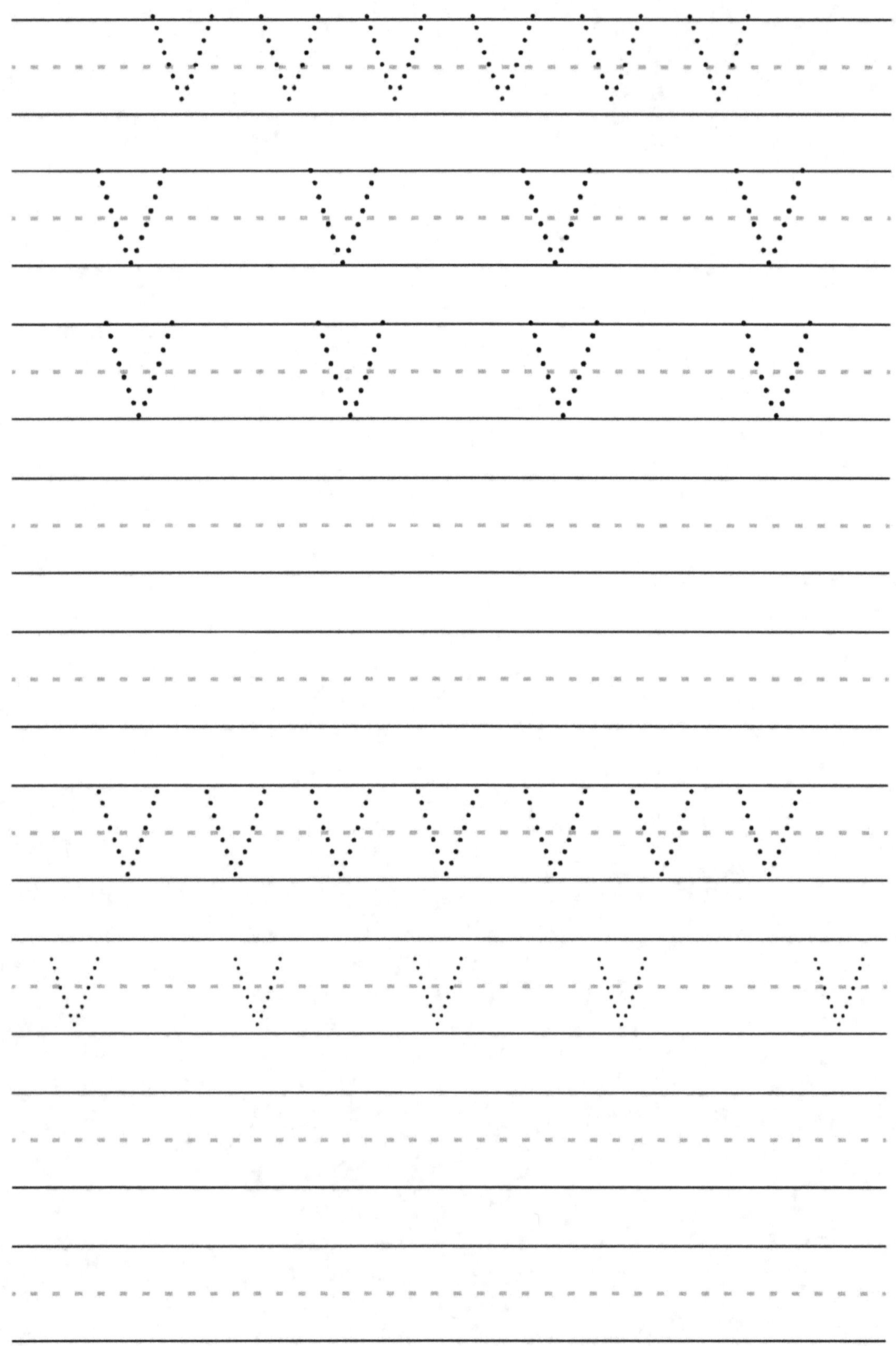

W W W W

W W W W

WHALE

W W W W W W W

W W W W W W

WHALE WHALE

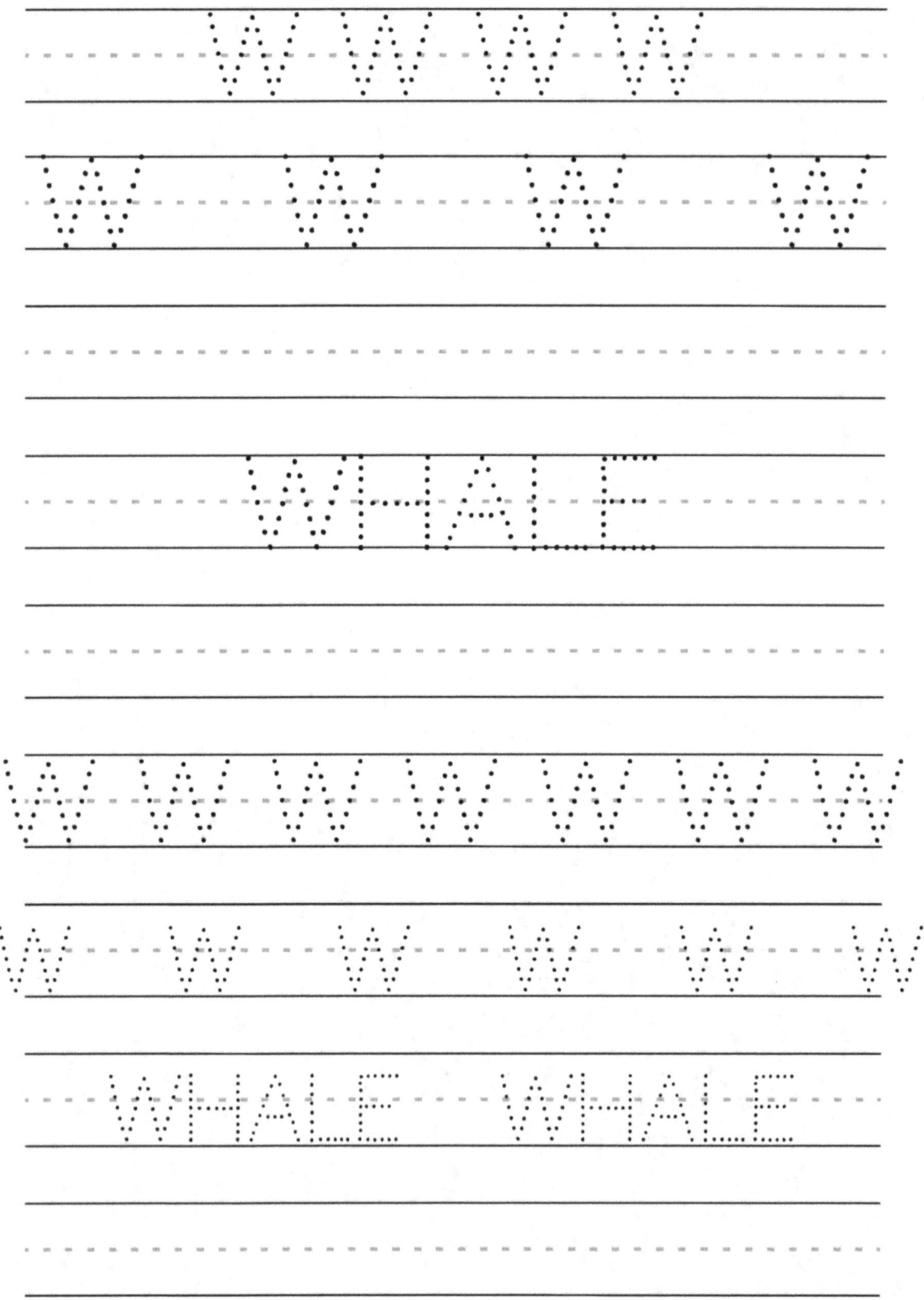

W W W W

W W W W

W W W W

W W W W W W W

W W W W W

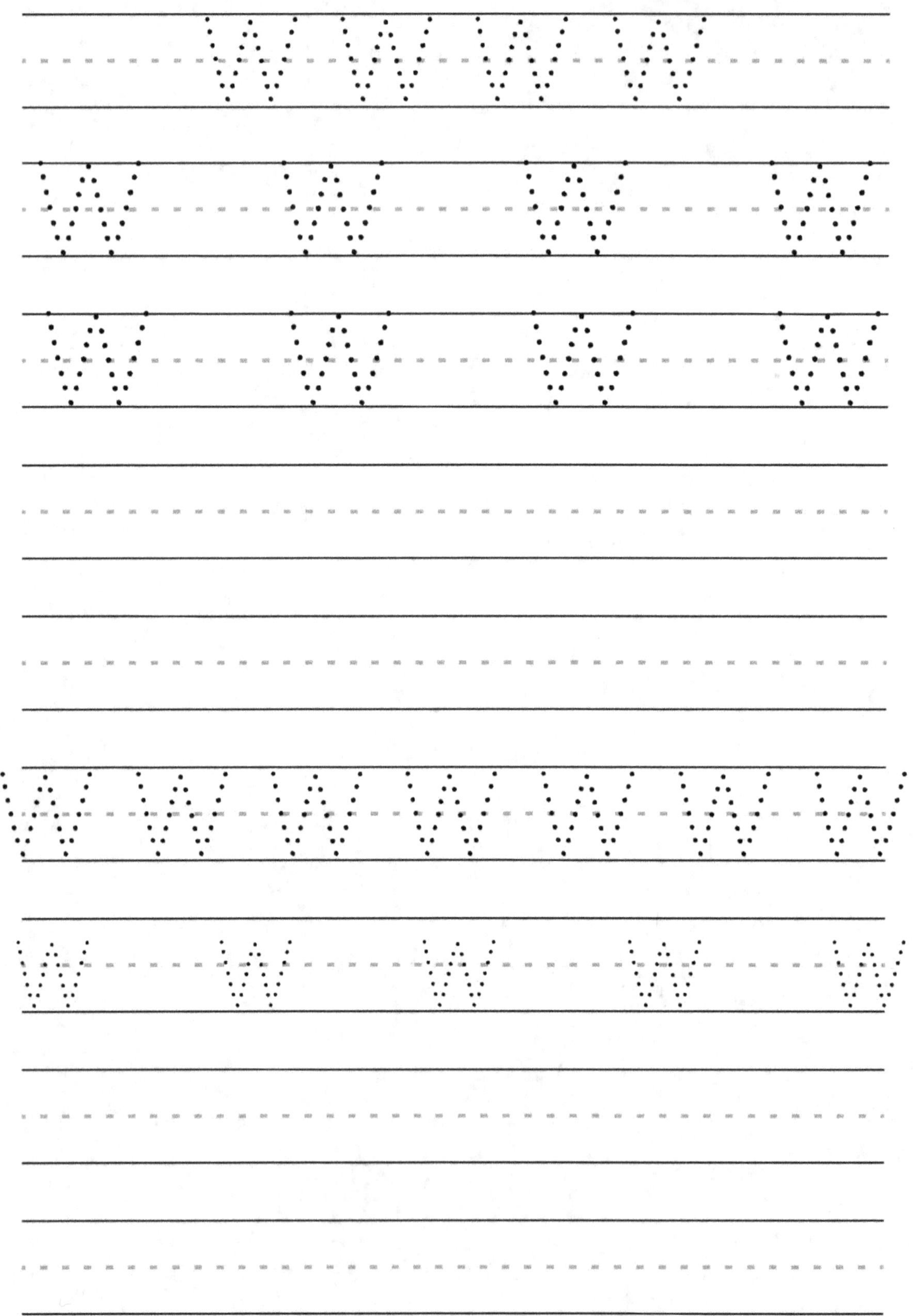

X X X X X X
X X X X X
XYLOPHONE
X X X X X X X
X X X X X X
XYLOPHONE

X X X X X X
X X X X
XYLOPHONE
X X X X X X X
X X X X X X
XYLOPHONE

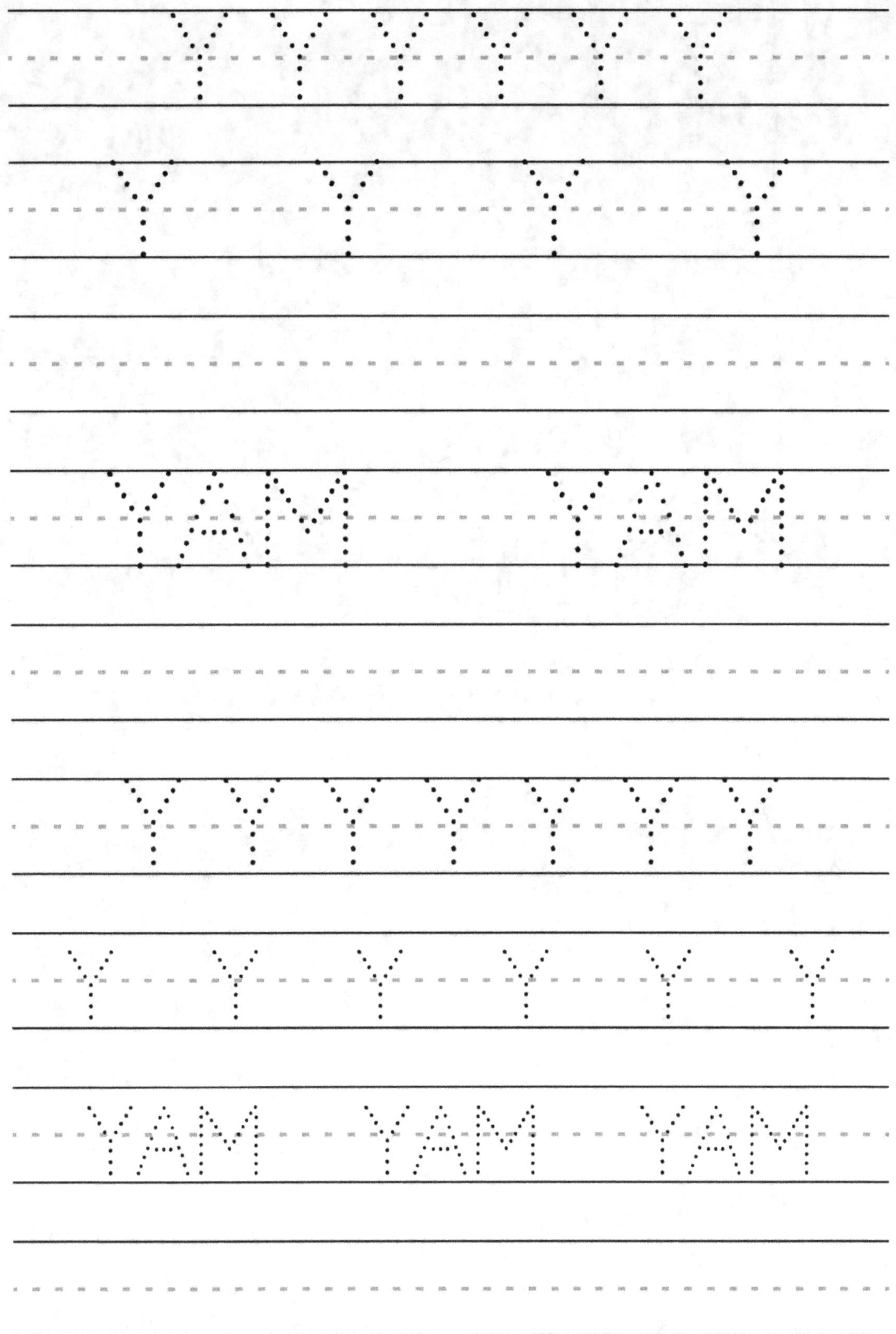

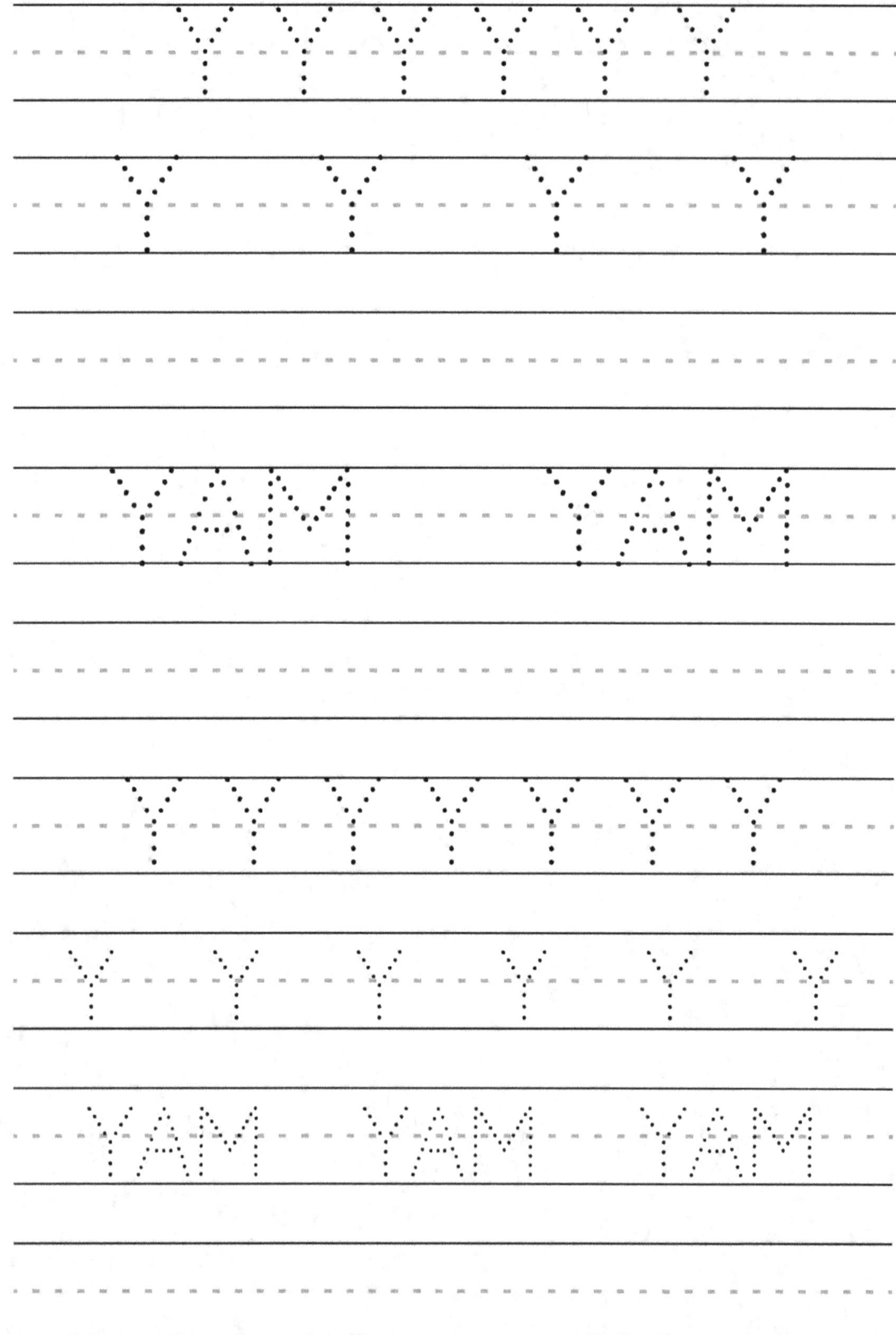

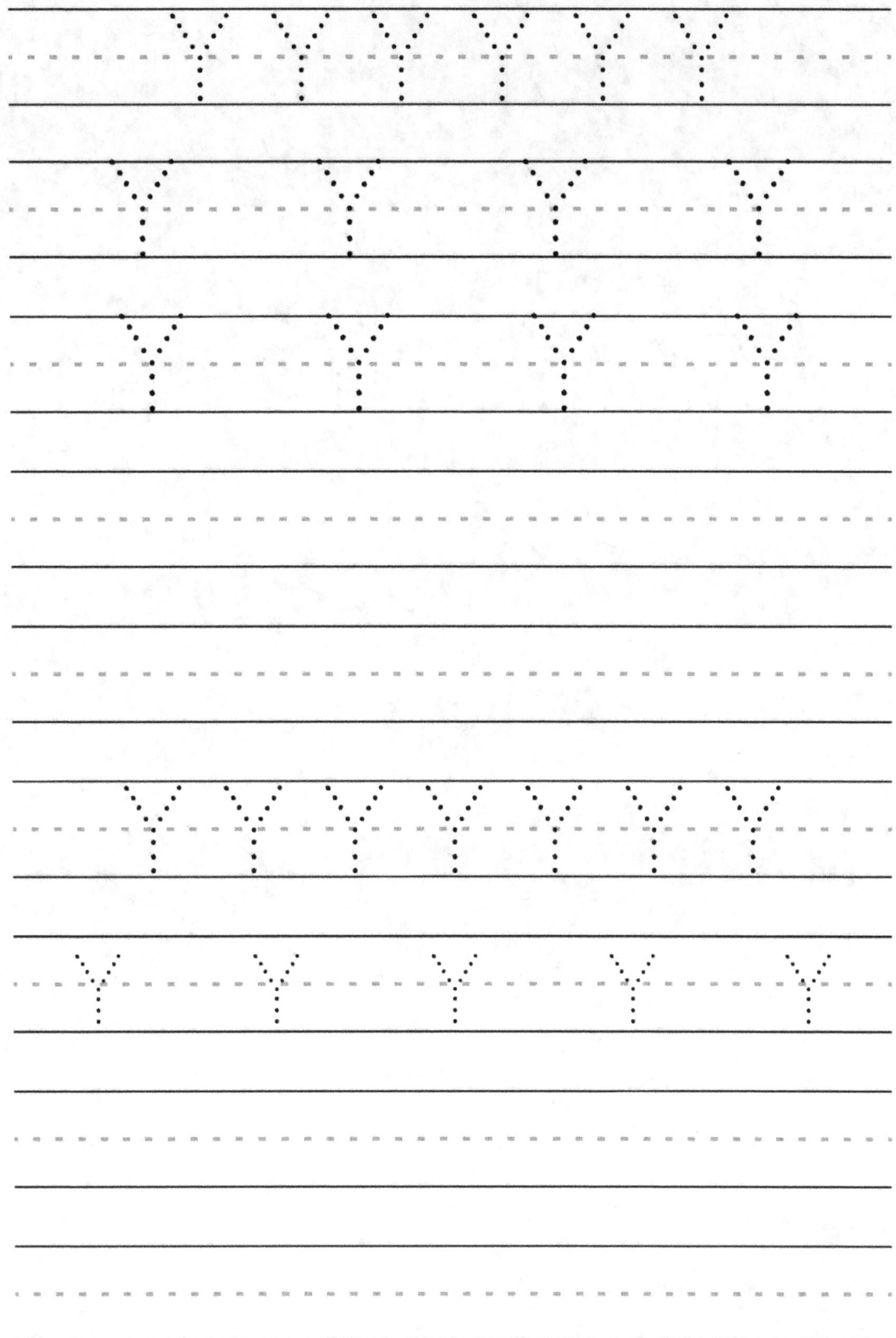

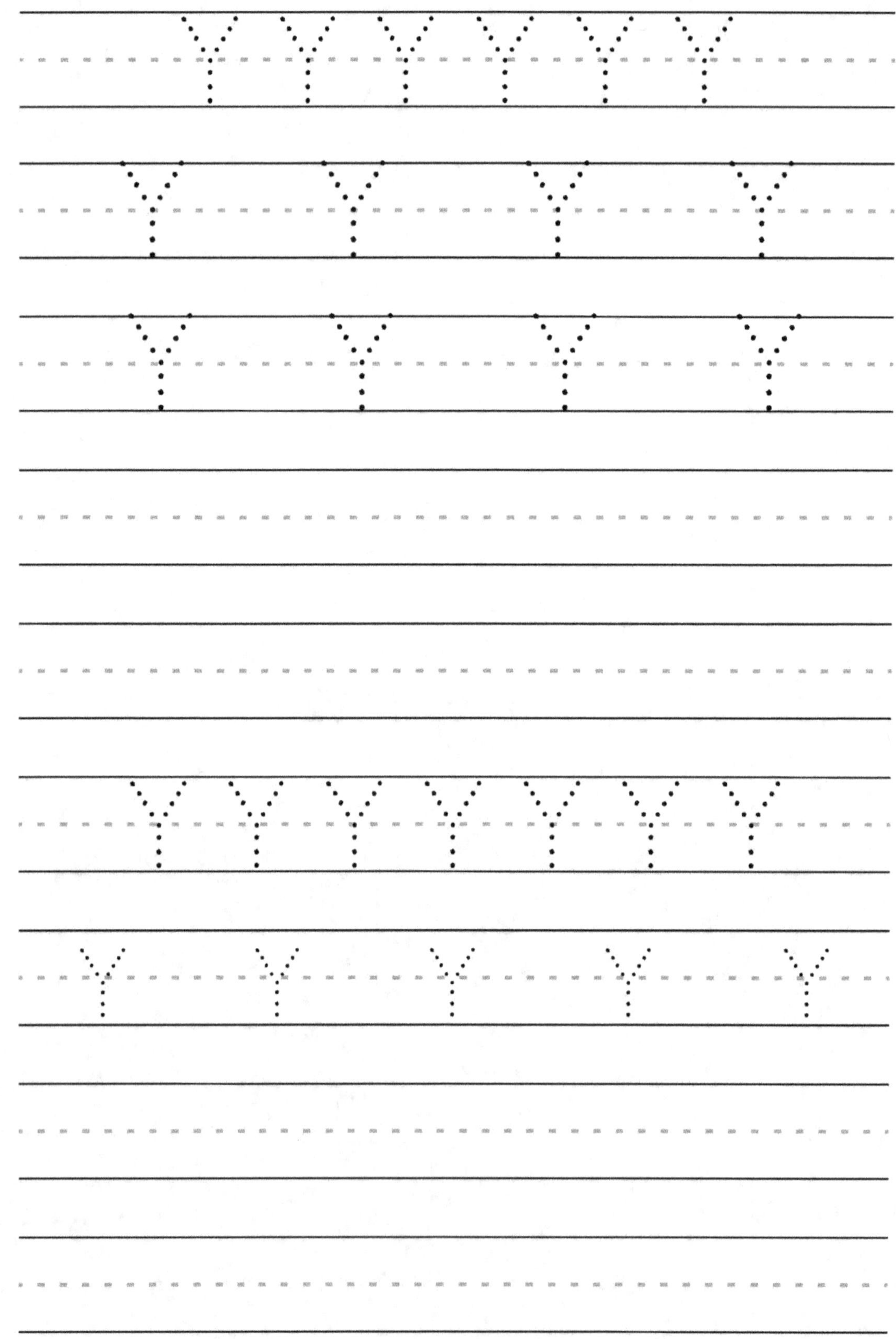

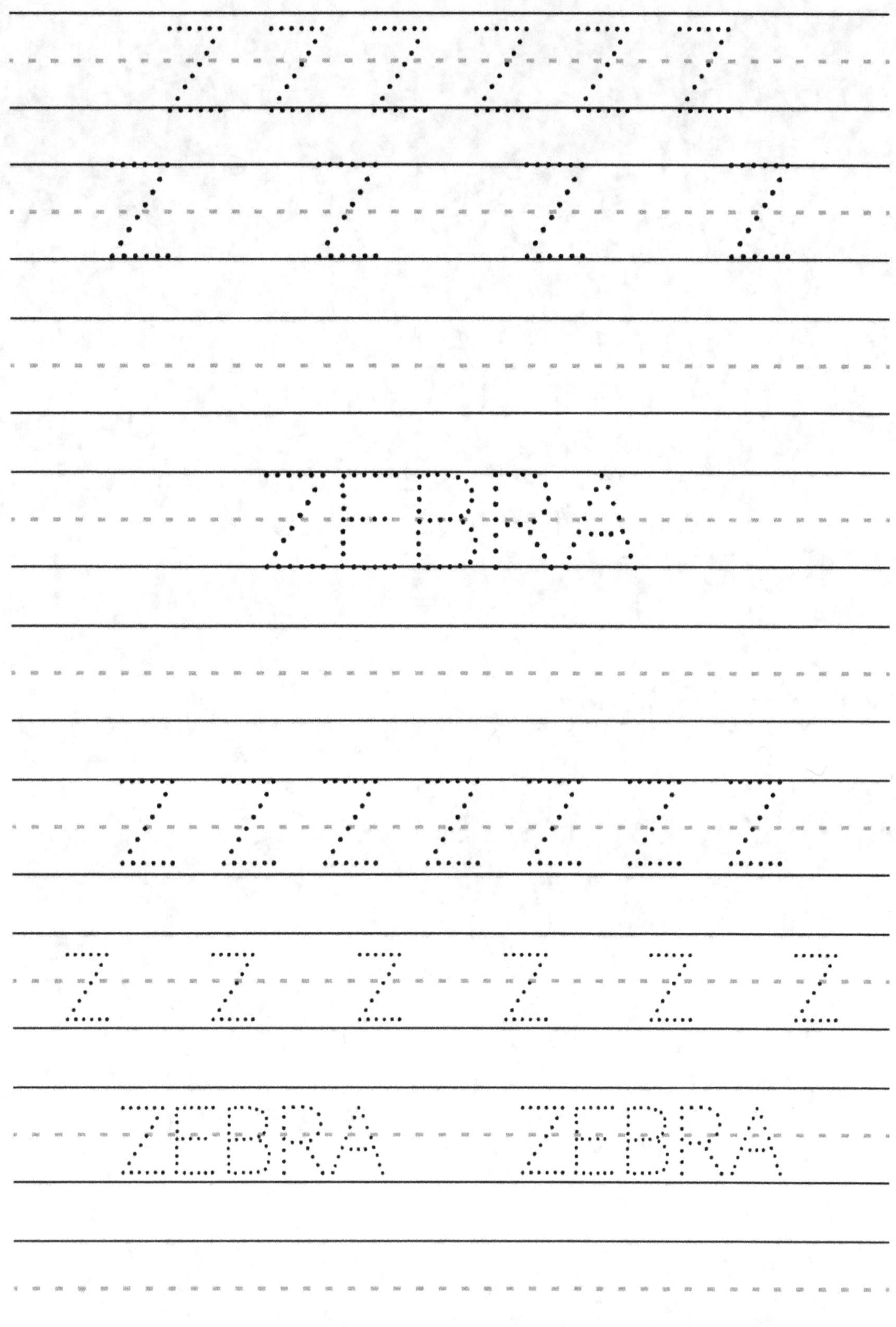

7 7 7 7 7 7
Z Z Z Z
ZEBRA
Z Z Z Z Z Z Z
Z Z Z Z Z Z
ZEBRA   ZEBRA

Z Z Z Z Z Z

Z Z Z Z

Z Z Z Z

Z Z Z Z Z Z

Z Z Z Z Z

Z Z Z Z Z Z

Z Z Z Z

Z Z Z Z

Z Z Z Z Z Z Z

z z z z z

1 1 1 1 1 1 1 1 1 1

2 2 2 2 2 2 2

3 3 3 3 3 3 3

4 4 4 4 4 4 4

5 5 5 5 5 5 5

6 6 6 6 6 6 6 6

5 5 5 5 5 5 5

6 6 6 6 6 6 6 6